シルクロード 悠久の天地

大阪教育大学名誉教授
山田勝久

笠間書院

目次

第二章

タクラマカン砂漠の周辺に咲いた仏教美術

第三章

中央アジアからインド・中近東・地中海へ

シルクロード 関連地図

トムシュク p96
ジムサル p108
ウルムチ
カラシャフル
カラホト p44
トルファン p78
雲崗
銀川
北京
大連
クチャ p134·p146
楼蘭 p118
敦煌 p58
張掖
武威
天津
ソウル
慶州
橿原（藤原京）p16
ニヤ
ミーラン
太原
蘭州
ホータン p158
コルムド
ヤルカンド
麦積山
炳霊寺
西安（長安）p32
洛陽 p32
揚州
博多
ラサ
重慶
明州
武漢
成都
荊州
ルンビニ p186
カトマンズ
デリー
昆明
桂林
ティンプー
ダッカ
香港
ハノイ
ケッサリア p186
ルアンパバーン
霊鷲山
コルカタ
バガン
スコタイ
アジャンター
アユタヤ
アンコールワット
スリランカ
ブルネイ
シンガポール
ジャカルタ
ボロヴドール

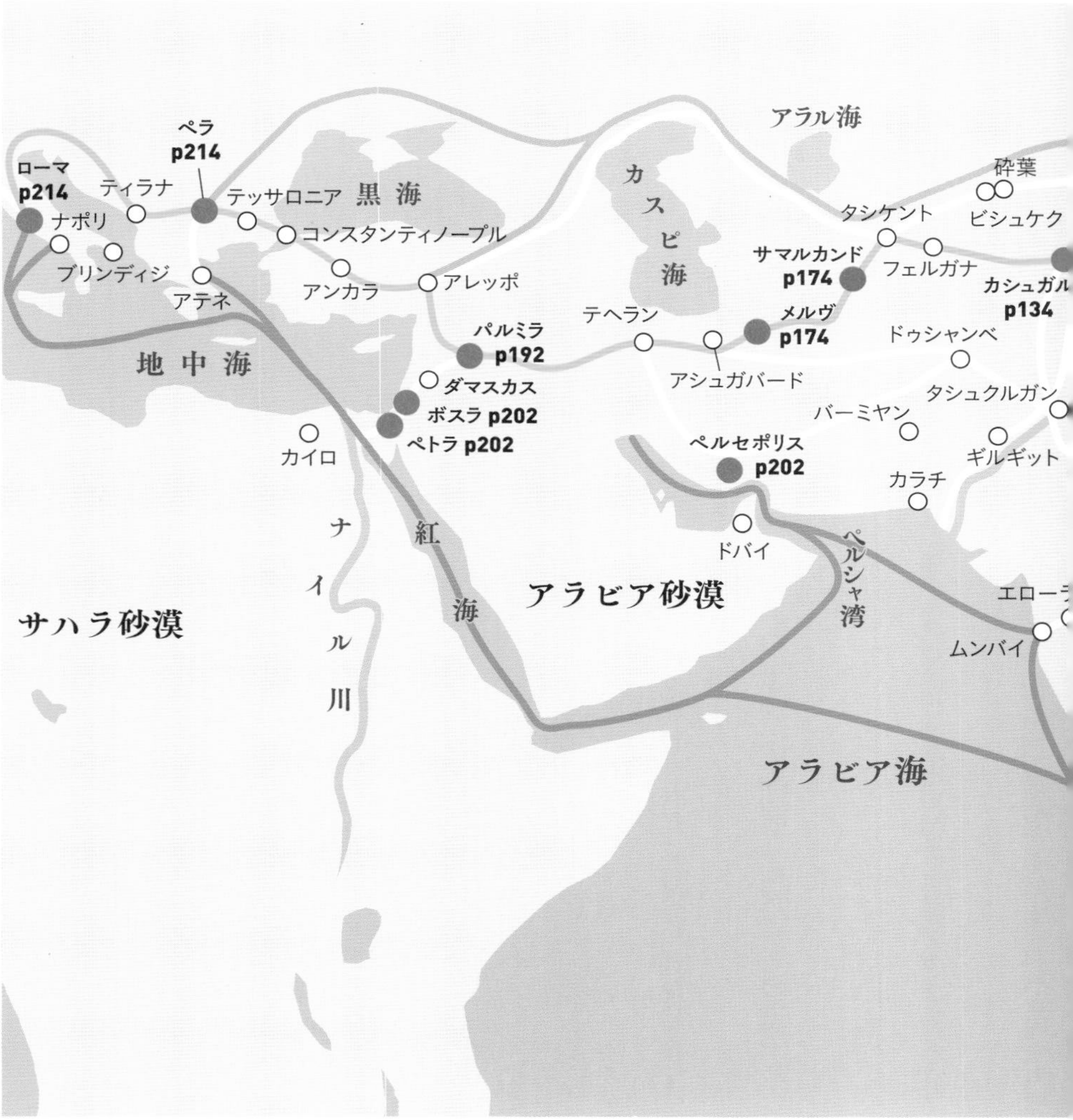

● 本書で取り上げた都市・遺跡

○ シルクロードの主な都市・遺跡

西南シルクロード（山河の道）

ステップ路（草原の道）

オアシス路（砂漠の道）

南海路（海の道）

序文

東洋と西洋の文化交流の道シルクロード、そこは古代文化の宝庫であり、世界中の人々を魅了してやまない悠久の天地である。シルクロードの名称を最初に使用したのは、ドイツの地理学者リヒトホーフェンで、一八七七年、その著書『中国』の全五巻中の第一巻に、「ザイデンシュトラーセン（Seidenstrassen）」が登場する。英訳されて「シルクロード（Silk Road）」、中国では「絲綢之路」と言う。

シルクロードは大きく分けて三つの道がある。草原の道（ステップ路）、砂漠の道（オアシス路）、海の道（南海路）である。なお、近年、成都からラサを経てネパールのカトマンズに抜ける道を、山河の道とも言っている。

「草原の道」は、中国から北上して、モンゴルやカザフスタンの草原（ステップ地帯）を通り、アラル海やカスピ海の北側から黒海に至る、最も古いとみなされている交易路である。そこではスキタイ、匈奴《きょうど》、柔然《じゅうぜん》、突厥《とっけつ》などの民族が活躍していた。

「砂漠の道」は、カシュガルを横切って東西を結ぶ隊商路、オアシスの道である。長安を発って黄河を渡り、河西回廊《かせいかいろう》を経て敦煌《とんこう》に至る。そこから三本の道に分かれる。西域南道は楼蘭《ろうらん》、ミーラン、ニヤ、ホータン、ヤルカンドからカシュガルへと崑崙《こんろん》山脈の北麓を結ぶ道である。西域北道は、トルファンから西へ焉耆《えんぎ》、クチャ、トムシュク、カシュガルに至る道である。

序文

壮麗な壁画や塑像《そぞう》が多くあり、仏教の道とも言われている。敦煌から北上し、ハミ、ウルムチを通って天山山脈北麓を経て、ウズベキスタンのサマルカンドに至るルートを天山北路と呼ぶ。

「海の道」は、福建省泉州市を起点として、南シナ海からシンガポールへ、さらにインド洋を経てアラビア半島に至る海路である。海のシルクロードと呼ばれている。

はじめは、シルクロードは長安からウズベキスタンのサマルカンドまでの交易路を指していた。その後、一九一〇年にシリア砂漠のパルミラ王国から絹織物が出土したことにより、ドイツの東洋学者アルベルト・ヘルマンによってシルクロードはシリアまで延長された。

さらに、一九六四年にローマの北約十四・五キロにあるグロッタロッサで、八歳前後の少女のミイラが、シルクの貫頭衣を着た状態で出土した。これにより、シルクロードは長安からローマまでと定まった。

シルクロードという名称がまだなかった頃は、「西域《せいいき》」と呼ばれることが多かった。この「西域」の語源は、前漢の武帝（劉徹《りゅうてつ》）の時代に中央アジアに旅立った張騫《ちょうけん》が、紀元前一二六年に帰国した時に報告した上奏文で、初めて「西域」の語を使用したことに由来している。

古代ギリシアの地理学者、マリノスとプトレマイオスは、紀元前後、すでにタリム盆地東辺のロプ・ノールと、その湖畔に栄える楼蘭の存在を知っていた。長安から楼蘭まで運ばれた中国の絹は、貿易商人たちによってローマまで運ばれ、黄金の三倍の値段で取引されたこともあるという。彼らは中国のことを、絹の生産者という意味の「セレス」と呼んでいた。

紀元前三二七年、アレクサンドロス大王の部将アルコスは、東方遠征を目指してインダス川を越え、インドのパンジャブ地方に進入した時、現地で絹織物を見てその産出国の中国を知ったという。ローマ帝国時代の著書、『エリュトゥラー海案内記』も、中国の絹のことを記している。

この絹の道は、長安からローマまで直線距離にして九千キロ、道程では一万二千キロもある。今も昔もこの道は困難を極め移動することは容易ではない。

四世紀終わりに西域に向かった中国の法顕《ほっけん》は、「沙河中はしばしば悪鬼、熱風が現れ、これに遭《あ》えばみな死んで、一人も無事な者はいない。空には飛ぶ鳥もなく、地には走る獣もいない。行路を求めようとしても拠り所がなく、ただ死人の枯骨を標識とするだけである」（『法顕伝』）と記している。

私の調査時にも、想像もつかない多くの苦難が待っていた。たとえば、敦煌から楼蘭に行く途中、砂嵐に襲われ二十五時間も車の中で釘付けになってしまった。また、あまりにも道が凸凹なので後輪のタイヤのビスが折れてしまい、三本のタイヤだけになったこともある。さらに、カザフスタンでは三人組の盗人に襲われ、カメラや現金をすべて盗られてしまった。しかし困難がある反面、有意義で忘れ得ぬ楽しい思い出も数多く残っている。

昭和五十四年（一九七九）夏、初めて黄河上流をさかのぼり、敦煌、トルファン、クチャ、カシュガル、ホータンを訪ねた。どこの町にも、どの村にも長い文化と伝統が息づき、そこには悠久の歴史とロマンがあった。

中でも流沙《りゅうさ》の都〝敦煌〟は、天井のない博物館であり、トルファンのブドウ棚の下で、軽やかに踊るウィグル族の舞は、まさに唐詩の中の「胡旋舞《こせんぶ》」のようであった。カシュガルはタクラマカン砂漠を越えた最果てのオアシスで、千年前の町並みが今も残っている。クチャは、唐の辺塞《へんさい》詩人、岑参《しんじん》が暮らした町で、彼は西域に五年ほど赴任、その間に約五十首の名作を残している。

本書で取りあげた北庭《ほくてい》故城には、二年ほど赴任し、城内の池や川、城壁や遠く天山山脈に浮かぶ明月を歌っている。私は北庭の調査の折、ふと月を仰ぎ見た。一二〇〇年前にも、岑参はこの月を眺め、長安の父母や妻子を思いやったことであろうと思うと、表現しがたい感動につつまれ胸が熱くなった。

君聞かずや胡笳の声　最も悲しきを
紫髯緑眼《しぜんりょくがん》の胡人吹く

釈迦《しゃか》の生まれたネパールのカピラ城を訪ね、若き王子時代の住居や足跡を調査した。さらに出家地であるケッサリアの村も訪ねた。また、ギリシア北部のマケドニア地方では、アレクサンドロス大王が誕生したペラの宮殿跡に立ち往時を偲んだ。

トムシュクにある尉頭《いとう》国のトクズサライ仏教寺院やチラン故城では、漢代の絹織物を発見し、楼蘭王国の地下墓では、日本人として最初にソグド商人の酒宴図や仏陀らしき姿や法輪を描いた壁画を見た。唐の詩人の王昌齢《おうしょうれい》は歌う。

黄沙百戦　金甲を穿《うが》つも
楼蘭を破らずんば終《つい》に還《かえら》ず

輝ける楼蘭王国は、四九二年に忽然と歴史上から姿を消している。その主たる原因は、他国の侵略と自然破壊による食糧不足、そして、僧侶の腐敗と堕落が民衆の活力をなくしたことにある。

本書は、東のシルクロードの終着点、飛鳥・藤原京から、西のシルクロードの終着点、ギリシア・ローマまでの主たるオアシス約二十カ所を選んで、その町の歴史や文化を紹介している。既刊のシルクロード関係の書籍では触れていない遺跡に光をあてた。トルファンの勝《しょう》金口《きんこう》石窟、クチャのアゲ故城やアアイ石窟、トムシュクのチラン故城やホータンの熱瓦克《ラワク》遺跡、葉城のキバン千仏洞などである。本書の特色を三点挙げれば、次のようになる。

一、新疆《しんきょう》ウィグル自治区の未開放の遺跡を数多く紹介した。
二、筆者撮影カラー写真約百枚、作図地図約二十枚を入れて、身近に読めるようにした。
三、直接現地に赴いて調査した研究成果を収めた。

中国の古典に「真花は時と共に朽ち、画花は永《とこ》しなへに春なり」とあるが、写真も画花と同じく末長く読者の心に残っていくことであろう。

序文

私がシルクロード研究に取り組んだのは、一九七九年からである。それまでは中国の古典に関心を持ち、詩人たちの生涯やその作品研究に取り組んできた。たとえば王昭君、阮籍《げんせき》、李白、杜甫、岑参、王維、白楽天、韋荘《いそう》、李清照について著書や論文で紹介してきた。しかし、ゴビやタクラマカンの周辺のオアシスを踏査して以来、その文化の重層性に心引かれ、シルクロード研究に生涯をかける決意をした。今までの古典研究の流れを生かしつつ、古代から唐代までのシルクロードの歴史や文化の興亡を中心にして、できる限り現地での精神風土を研究の中に生かしていきたいと思った。

シルクロード研究に取り組んでから、四十有余年の歳月が流れ、現地調査は二十六カ国六十六回を重ねた。今後、百回を目指して、さらなる調査に取り組んでいくつもりである。

私にとって幸運なことは、シルクロードから優秀な青年を、留学生として多く受け入れることができたことである。そのため、シルクロードに行くたびに教え子が私の宿舎に自然に集まり、最新のシルクロード事情などを教えてくれる。その結果、日本人として初めて、いくつかの未開放の遺跡調査ができた。

現地でのメモ、資料、写真が手元にあるので、それを整理していつの日か一書にまとめたいと思っていた。折りしも、本年一月に、笠間書院の社長からお声掛け頂き、誕生したのが本書『シルクロード　悠久の天地』である。

笠間書院には、この四十年余、随分お世話になってきた。すでに出版した書籍としては、『唐代文学の研究』・『唐詩の光彩』・『唐代散文選』・『シルクロードの光彩』など九冊にのぼる。

このたび、奇しくも十冊目を刊行して頂いたことになる。

長い研究人生を通して思うことは、言語や民族や国家を超えて、シルクロードが平和だった時は、活発な文化交流があり、人々が幸福を満喫していたということである。それに対して戦乱の時代は、文化は衰退し人々は人間らしい生活を失って苦悩に沈んでいる。今改めて、シルクロード興亡史をひも解く時、いかに平和が大切であり、生命尊厳の思想が重要であるかということを実感した次第である。ともあれ、シルクロードは、人はどう生きるべきかを考えさせる滋味あふれる歴史舞台である。

もしもまた、再びの人生があるならば、私は同じシルクロード研究の道を歩みたいと思っている。最後に、本書の刊行に当たって尽力してくださった、笠間書院の山口晶広氏に心から感謝申し上げたい。

山田勝久

二〇二〇年四月十三日

第一章

大陸文化の精華と飛鳥・藤原京

第一節

藤原京とペルシアのガラス碗

現在の奈良県橿原《かしはら》市にあった藤原宮において、大宝元年（七〇一）、元日朝賀が執り行われた。四十二代、文武天皇が座る大極殿《だいごくでん》の前庭には、新羅《しらぎ》からの使者も参列していた。烏の像を取り付けた幢《どう》（儀式に用いた彩色の旗）が立ち並び、青龍、白虎、朱雀、玄武の四神を描いた幡《ばん》（高く掲げる飾り旗）が風にはためく。奈良時代の歴史書『続日《しょくに》本紀《ほんぎ》』には、この時のようすを「文物の儀、是《ここ》に備われり」と記し、新しい国家の意気を示している。

首都となった藤原京は、約五キロ四方、人口は三万人前後と推定される。都の中心に約一キロ四方の藤原宮があり、そこには内裏《だいり》や、政治・儀式の場である大極殿があった。南には役人たちが行政事務を執った朝堂院などの官庁街があり、郊外には貴族や庶民たちの住宅、そして市場や寺院が碁盤《ごばん》の目のように計画的に配置されていた。

仏教は飛鳥で根付き、藤原京で花開いた。本薬師寺《もとやくしじ》、大官大寺《だいかんだいじ》、八木寺、紀寺《きのてら》、膳夫《かしわで》寺《でら》、久米寺、日向寺《にっこうじ》、大窪寺、田中寺、小山寺など多くの寺院が藤原京の中に建立《こんりゅう》された。

仏教は、ネパールで誕生した釈迦《しゃか》がインドで説いた教えである。その教えはガンダーラから中央アジア、新疆《しんきょう》から中国、朝鮮へと東漸《とうぜん》し、邪馬台国《やまたいこく》の卑弥呼《ひみこ》の時代に大月《だいげつ》

第一節　藤原京とペルシアのガラス碗

氏《し》国から倭国《わこく》に伝来している。その後、渡来人によって各地に伝えられ、六世紀、百済《くだら》の聖明王《せいめいおう》から欽明《きんめい》天皇に仏像や経典が贈られた。

この仏教史の流れから見れば、シルクロードはまさに仏教東漸の中継地であった。藤原京にとっては、朝鮮半島は兄や姉であり、中国は父母、シルクロードは祖父・祖母のごとく、仏教伝来にとってはまことに大恩ある地域といえる。

言うまでもなく、シルクロードは仏教のみならず、ゾロアスター教やマニ教、またキリスト教やイスラム教も通ったが、古代においてその痕跡を一番多く残したのが仏教であった。

四十三代、元明天皇の御代、藤原京に遷都して十四年目、和銅元年（七〇八）に富本《ふほん》銭《せん》に次いで和同開珎《わどうかいちん》が鋳造《ちゅうぞう》された。阿倍仲麻呂らの乗った養老元年（七一七）と、天平五年（七三三）に派遣した遣唐使は、七〇八年と七一五年の年号が刻まれた銀製の和同開珎を持参して海を渡った。この貨幣が、西安（長安）から発見された時、一緒に見つかったのがビザンティン帝国のヘラクレオス（在位六一一～六四〇）の銀貨、吐魯番《トルファン》の五～六世紀の高昌吉利《こうしょうきちり》の貨幣、ササン朝ペルシアのホスロー二世（在位五九〇～六二八）の時代の、ドラクマ（通貨の単位）貨幣である。一二一五年間も共に西安の地下に眠っていたのである。七一三年、唐の玄宗《げんそう》皇帝の祝賀の宴で下賜《かし》された金製の開元通宝も、ペルシアと藤原京を結びつけるように同じ場所から発見された。

発見場所は、長安の城内のシルクロード商人八千余人の居住地であった、西市から西一キロへ向かった何家村《かかそん》という貴族や皇族の居住地であった。安禄山《あんろくざん》の乱の折、家主は宝物を陶器の壺二つと銀の壺一つに入れて、邸宅の地下九十センチに埋めて南西の成都方面に逃亡、しかしそのまま帰ることはなかった。よほど裕福だったらしく、一九七〇年の発掘時には、和同開珎五枚のほか、外国のものを含め、四七八枚もの貨幣が見つかった。ペルシア産のガラス盃も一緒に出土した。長安において、まさにシルクロードの西の果てと、シルクロードの東の都、藤原京は深い歴史の縁で結ばれていたのである。

持統八年（六四九）、奈良の飛鳥浄御原《あすかきよみはら》の地から藤原京への遷都が完了した。そこでは、唐の永徽律令《えいきりつれい》を参考にした「大宝律令」が制定された。律は刑法、令は民法・商法にあたり、当時の東アジア世界において、中国以外に独自に律令法典を作ったのは、日本だけである。

大宝律令が制定されると、それまでの飛鳥浄御原令で定められていた役所は、太政《だじょう》官《かん》と神祇官《じんぎかん》を頂点とする二官八省制に移行した。太政官では、左大臣や右大臣や大納言という役職に貴族が任命され、天皇のもとで国政全般を運営するようになった。

役人に与えられていた位階は、浄御原令では四十八階、大宝律令では三十階に分かれていた。五位以上が一般に貴族と呼ばれる階層である。その貴族の収入は莫大で、毎日のように全国から山海の珍味が届けられていた。貴族になれたのは、大和朝廷の有力氏族と渡来人の一部である。

地方行政は、評という単位でまとめられていたが、大宝律令によって、評は郡に変え

第一節　藤原京とペルシアのガラス碗

藤原京跡から耳成山を望む

られた。国の役人は中央政府から派遣され、郡の役人（郡司）を通じて地方行政を統括した。

藤原京は、地方の農民たちの血のにじむような負担の上に成立していた。稲や特産品などの物品を納めるほかに、年二カ月にも及ぶ労働力の提供も求められていた。それにしても、納税品を都まで運ぶのは大きな苦労であり、往復の交通費もすべて納税者の負担である。

都への納税品については、藤原宮から出土する荷札木簡に詳しい内容が書かれている。たとえば、若狭ではイワシやフナ、四国の阿波では猪肉《ししにく》、安芸《あき》では塩、出雲では米やイカやスズキ、美濃ではゴマ油や米や楡皮《ゆひ》などである。木簡には「大宝三年十一月十二日御野国（美濃国、現・岐阜県）楡皮十斤」などとある。

この藤原京の時代に、統一的な計測の単位、いわゆる度量衡《どりょうこう》が確立された。たとえば、藤原宮跡から出土した物差しは、現在からみても何の遜色もない。唐王朝を見本にした統一的な度量衡の施行は、新しい律令国家の誕生を力強く推進する原動力となった。

藤原京の政権が目指したのは、中央集権的な国家の確立である。それには、物資を運ぶための道路が必要だったため、下ツ道や中ツ道、それに朱雀大路《すざくおおじ》が直線的に建設された。道沿いには一定間隔で「駅家《うまや》」を置き、また交通の要所には、鈴鹿《すずか》や不破《ふわ》や愛発《あらち》などへの無許可移動を防止する「関」も置いた。

六六三年の唐・新羅との「白村江《はくそんこう》の戦い」以来、長く中断していた唐との外交関係、

第一節　藤原京とペルシアのガラス碗

その修復を目的に遣唐使が任命されたのは、大宝元年（七〇一）一月二十三日のことである。翌大宝二年（七〇二）、藤原京から第七次遣唐使が派遣された。一行が中国の楚《そ》州《しゅう》の塩城県《えんじょうけん》に到着した時、中国側から「お前たちはどこの国からやってきた使者か」と尋ねられ、「日本国からの使者です」と答えたという。倭国にかわって新しい国名の「日本国」が外国に向かって宣言された瞬間である。劉昫《りゅうく》、張昭遠《ちょうしょうえん》らによって十世紀に編《へん》纂《さん》された『旧唐書《くとうじょ》』東夷《とうい》伝にも、「倭国は、朝日の昇るところに位置しているので、日本という名にした」とある。

七世紀後半に朝鮮を統一した新羅は、身近な国として日本と活発な交流を展開した。新羅からの渡来人として、日本に永住する者も多く現れた。

弘仁六年（八一五）に編纂された古代氏族の系譜書、『新撰姓氏録《しんせんしょうじろく》』には、百済・高《こう》句麗《くり》・任那《みまな》に交じって新羅からの人名も記され、「左京諸蕃下」には、百済十四氏、高麗十五氏、新羅二十三氏の名が見える。

六九八年に建てられた渤海《ぼっかい》王国の東京龍原府《とうけいりゅうげんふ》から出発した使者が、日本海を渡って能登客館や松原客館の官舎に入る。使節は到着後、福井から今日の鯖街道《さばかいどう》を通って京都に向かっている。

大陸との交流の主たる道は四本ある。鳥取・島根に向かう出雲ルートや、国東半島から南下し、四国の四万十川《しまんとがわ》の流域に出る海路もある。主流は、博多から瀬戸内海を経て難波《なにわ》に至るコースである。

藤原京が全国の中心となり、人口が都に集中するようになると、衛生状態が悪くなり、病気に罹《かか》る者も多く出てきた。宮中には薬を担当する典薬《てんやく》寮も置かれ、薬草園もあったが病気への対応にはとても間に合わなかった。

藤原京へ遷都してから十六年後の、和銅三年（七一〇）、人口増に対応できなくなった藤原京は平城京へ遷都する。郊外にまで住宅が広がった藤原京は水利が悪く、町には飛鳥川、米川、寺川、高取川、曽我川の五つの細い川しかない。都に住む約三万人の汚水処理も、廃棄物の処分も思うようにいかなくなった。また、水量も少なく船の航行には向かない。そのため遣隋使の帰国に同行してきた隋の使者の裴世清《はいせいせい》は、大和川で海石《つば》榴市《いち》（現・奈良県桜井市）まで行ってから下船し、歩いて飛鳥の地に入っている。

慶雲元年（七〇四）、藤原京に帰国した遣唐使の粟田《あわたの》真人《まひと》は、長安城の皇居の位置が、都の北に置かれていると天皇に報告した。「天子は南面《なんめん》する」、すなわち北に座り南を見るのである。しかし藤原京のように大和三山の真ん中にあるということは、長安城の築城方式からかけ離れていることを知った。

ところで、大和三山の中でも最も神聖な山とされた香久山《かぐやま》（香具山）は丘陵である。畝傍山《うねびやま》と耳成山《みみなしやま》は、葛城《かつらぎ》の二上山と同じく、今から一五〇〇万年前の爆発でできた山であり、昭和新山と同じように溶岩が山頂にある。藤原京が置かれた時代は、山が民を守護するという山岳信仰があった。

藤原京は、三代（持統・文武・元明）の天皇が政治を執った都である。初代天皇の神

第一節　藤原京とペルシアのガラス碗

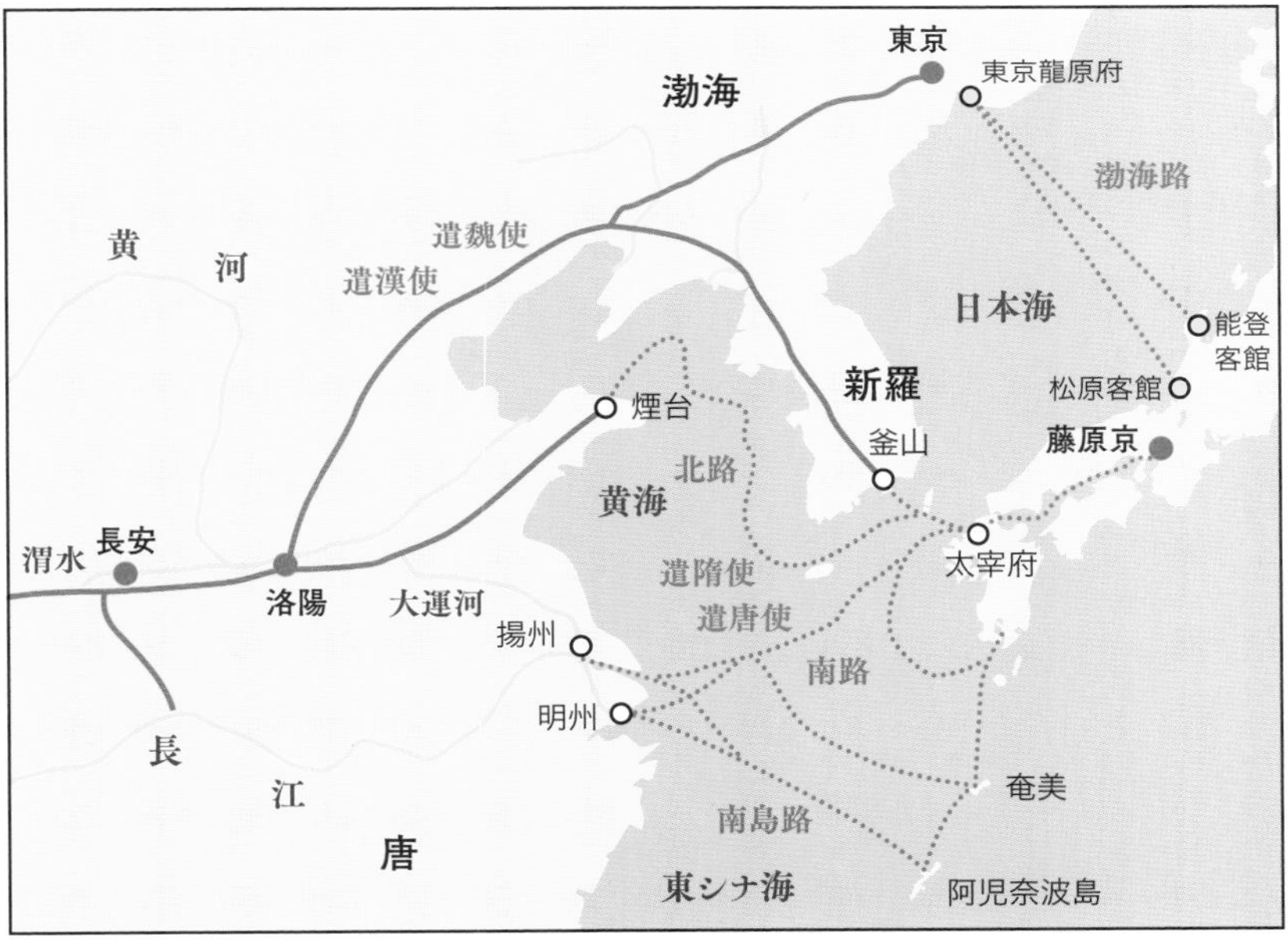

遣漢使・遣魏使・遣隋使・遣唐使の主たる道

武天皇の陵墓もあるので、歴代の天皇がよく来訪する町であった。令和になってからも、天皇・皇后は即位の報告を神武天皇の墓前に告げている。

藤原京を歩くと、万葉集の「春過ぎて夏来《きた》るらし白たへの衣干《ころもほ》したり天の香具山」の歌が脳裏をよぎり、かつての栄華をしのばせる山や池、遥か遠い昔の情景を思い起こさせる風景が悠大に広がる。

橿原市の観音寺本馬《ほんま》遺跡からは、今から三千年前、縄文時代の終わり頃の、数十基の方形周溝墓が発見されている。渡来系土器が発見された新堂《しんどう》遺跡からは、弥生時代の水田も発見された。住居や倉庫を濠《ほり》（環濠《かんごう》）で囲み、その外側に水田や墓地を造った坪井《つぼい》・大福《だいふく》遺跡、川西《かわにし》根《ね》成柿《なりがき》遺跡、萩《はぎ》之《の》本《もと》遺跡、四分《しぶ》遺跡なども市内で確認されている。

市の南部には、全国第一位の長さを誇る丸山古墳がある。前方後円墳で墳丘の長さは三一〇メートル、大和の大豪族の墓である。石室の規模は全長約二十八メートルである。丸山古墳の東側に位置する植山《うえやま》古墳は、六世紀後半から七世紀前半の古墳である。飛鳥寺や藤原京の瓦を焼いた窯で作った瓦は、大分まで渡っており、大和と九州の交流の深さに驚かされる。

歴史に憩う橿原市博物館には、昭和三十七年（一九六二）、市内の南西にある新沢《にいざわ》千塚古墳から出土したという、ササン朝ペルシア産の碗と皿のレプリカが展示されている。カスピ海の南のイランのギラン州で作られた碗や皿が、今から一五〇〇年も前に、どのような道を通って遥か東方の国、日本の橿原まで伝わったのか。このガラス碗が作られ

第一節　藤原京とペルシアのガラス碗

たのは、四世紀後半頃で、ペルシアから日本に伝えられるまで、約百年前後かかっている。この約百年という数値は、古墳から出土した多くの文物の年代測定によって証明される。

ペルシアで作られたガラス碗と皿の古代ルートをたどると、イランのギラン州→トルクメニスタンのメルヴ→ウズベキスタンのブハラ・サマルカンド→中国のカシュガル→クチャ→焉耆《えんぎ》→吐魯番→敦煌《とんこう》→酒泉《しゅせん》→武威《ぶい》→蘭州《らんしゅう》→長安→洛陽→鄭州《ていしゅう》→開封《かいほう》→煙台《えんたい》→平《へい》壌《じょう》→開城→扶余《ふよ》→釜山《ふざん》→大宰府《だざいふ》→難波→亀の瀬→海石榴市を通り、新沢千塚へと伝えられたと考えられる。碗や皿はその輝きから見て、飾り置物として大切に展示されていたと思われる。

なお、このガラス碗と皿が伝わったコースについては、ステップ路（草原の道）を経て、少数民族によって、朝陽《ちょうよう》→瀋陽《しんよう》→集安《しゅうあん》→平壌→慶州→梁山《りょうざん》→釜山→博多→難波へと伝えられ、その後、新沢千塚古墳一二六号に埋められたとの説もある。すなわち、中国の東北部の鮮卑文化の流れをくむ、前燕（三三三〜三七〇）、後燕（三八四〜四〇九）、北燕（四〇九〜四三六）からの伝来であるという。

新沢千塚古墳には、渡来人の墓もあれば倭人の墓もある。古墳の造営は四世紀の終わり頃から六世紀の終わりまでの二百年間にわたっている。古墳に埋葬されるのは比較的身分の高い人物で、一般の住民は死んだ後は原野に埋められた。

新沢千塚古墳の中の一二六号墳は、東西約二十二メートル、南北十六メートル、高さ一・五メートルの長方形墳で、副葬品にはペルシア産のガラス碗や皿のほか、金・銀製の装身具、青銅製熨斗《せいどうせいのし》、鉄刀、耳飾りなどがある。その副葬品からいって、渡来系の身分の高い人物の墓であったと思われる。

古墳は放射線状に周囲へと拡大していく。一二六号は古墳群のほぼ中央にあり、一直線上、東に九基、北に七基、西に九基、南に一六基の古墳がある。すなわちこの事実は、一二六号の造営時期が、古墳を造って間もない時期、すなわち四世紀末から五世紀初め頃だと考えられる。

新沢千塚古墳は飛鳥・藤原京という一つの古代文化圏の西南、今日の橿原市と高取郡高取町との境界に位置する、貝吹山《かいふきやま》から伸びる風光明媚《ふうこうめいび》な丘陵に築かれている。この丘陵は、まれに見る景勝の地である。死者に対する畏敬《いけい》の念は、この華麗な地をして古墳を作らせたといえる。

ところで、新沢千塚古墳一二六号の周辺について補足すると、北西には一二五基、北東には三二基、西南には一三六基、東南には九四基の古墳がある。消滅した古墳やそれと思われる高まりを加えると、約六〇〇基の古墳がある。現在までに、そのうちの一〇〇基余の古墳で発掘調査が行われた。

新沢千塚古墳一二六号で埋葬された人物の頭の右側十センチほどのところに、ペルシア産の切子ガラス碗と皿があった。碗の厚さは一〜一・五ミリの薄手の器で、胴部から底にかけてカットの円文がある。ブドウ酒を飲む時、それにより月光を受けて光は曲折

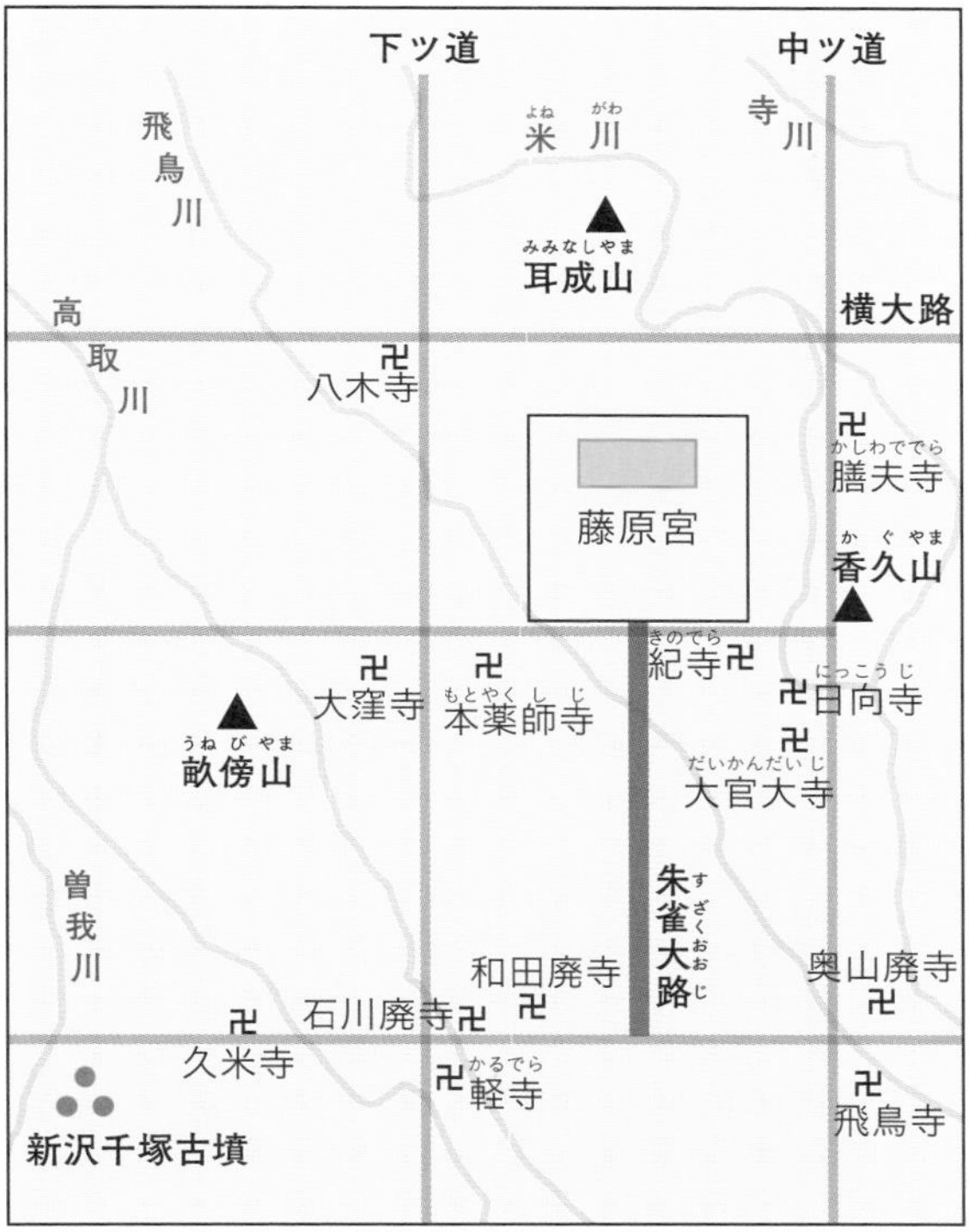

ペルシア碗出土、
新沢千塚古墳の位置

4世紀後半にペルシアで造られた切子ガラス碗。5世紀後半、新沢千塚古墳126号の副葬品となった
(橿原市教育委員会蔵ーレプリカ)

し美しく輝き味覚を刺激する。また、その凹凸によって手からグラスが滑り落ちないという利点もある。

新沢千塚古墳一二六号から出土した金製耳飾りは、長さが二十一センチあり、三条の垂飾りとなっている。歩くと揺れる金の耳飾りは朝鮮半島では見られない。それに対して金と銀の腕輪は朝鮮半島のものと似ている。百済の武寧王陵では、王妃の遺骸にも金と銀の腕輪がついていたが、それと新沢千塚古墳一二六号のものは極めて類似している。新沢千塚古墳一二六号の、装飾をつけた金製の指輪と同じものが、福岡県沖ノ島の七号遺跡からも出土している。同じく新沢千塚古墳一二六号の双葉文の金銅製帯金具と同類のものが、誉田《こんだ》丸山《まるやま》古墳や韓国の伽耶《かや》の遺跡からも出土している。

三世紀初め頃から中国では、飛躍的に造船技術が発達している。『三国志』で知られる赤壁の戦い（二〇八）の時の大船団は有名である。朝鮮半島の平壌やソウル一帯は、漢から魏《ぎ》まで中国の支配下にあった。いわゆる楽浪《らくろう》郡と帯方《たいほう》郡の設置である。邪馬台国の卑弥呼の使者も、魏の都に行く時、まず帯方郡で入国手続きを取り、漢族の役人に連れられて都の洛陽に行き、「親魏倭王《しんぎわおう》」の金印を賜ったと『魏志』倭人伝に記してある。

この楽浪や帯方に住んでいた漢人は、中原《ちゅうげん》の文化を受け継いでいた。楽浪郡は紀元前一〇八年から三一三年まで、四二一年間の長きにわたって平壌付近にあった。帯方郡も二〇四年から三一三年までの一〇九年間、ソウルの付近で存続していた。朝鮮半島におけるこの二郡の漢墓の規模からいって、長安や洛陽の直系の漢文化が朝鮮半島に根付い

第一節　藤原京とペルシアのガラス碗

ていたことが分かる。

なお、三一三年、漢人の直轄地だった楽浪郡・帯方郡に住んでいた漢族は、『晋書』によってその人口を推測すれば、二万五千人前後と思われる。滅亡時には、山東半島や長安、洛陽に帰国する者もいれば、南下して倭国に渡った者もいる。朝鮮半島と倭国の交流も徐々に進んでおり、倭国の実情を知悉していた者も多いと思われる。文化人類学の推理統計学から想察すれば、四十五パーセント前後の漢人は倭国を目指したものと思われる。

漢民族系の渡来人たちは、初めは九州南部にいた。しかし、九州は海に近く、航海術が発達したこともあり、いつ敵の攻撃を受けるか分からない。また朝鮮半島から近いので、攻撃を受けた時、最初に戦乱に巻き込まれる。

また、二郡の漢族の人数は相当なもので、九州に住む豪族だけでは受け入れられない。吉野ケ里《よしのがり》遺跡をはじめ、南九州の渡来人ゆかりの遺跡を調査してみると、安心して生活を営むことは難しい立地であることが分かる。そこで渡来人は瀬戸内海を経由して、大和の地に住んだのである。一説によれば天皇もこの時期、九州から東征し奈良の飛鳥の地に移り住んだと言われている。

飛鳥・藤原の地は台風も少なく、土地も肥沃、蘇我氏や物部氏など先住豪族も多く住んでいた。堺や神戸と違って海から程よく離れている。吉野の山も近い。まさに定住するにふさわしい安住の地だったのである。

佐賀県の吉野ケ里遺跡は、邪馬台国の姿を彷彿とさせる

奈良の正倉院の正門。正倉院にもペルシア産のガラス製品が収められている

第一節 藤原京とペルシアのガラス碗

多くの渡来人が日本に渡る時、金銀財宝や文物を持参している。その持参品の一つに珍奇なペルシアのガラス碗と皿があった。奈良の正倉院にもペルシア産のカットグラスがあるが、漢民族系の渡来人が持ってきたと思われる、新沢千塚古墳一二六号出土のガラス碗は、正倉院のガラス製品と比較しても遜色なく、芸術性が高いものである。新沢千塚古墳は、今後もシルクロードに纏《まつ》わる遺物の出土が期待されており、発掘成果が楽しみである。

第二節

長安・洛陽の光彩

シルクロードの起点である長安（現・西安市）は、前漢・前趙・前秦・隋・唐など十一王朝が約千年にわたって帝都を置いただけあって、市内のいたるところに遺跡がある。天井のない博物館といわれる韓国の慶州を訪ねた時も、仏国寺や石窟庵や半月城など多くの史跡があり驚いたが、長安は比較にならないほど広大で、その二十倍前後の遺跡が残っている。

長安が最も栄えたのは、唐王朝の七世紀初頭から八世紀中頃である。国際色の強い文化都市として、人口は百万人をはるかに超え、一説によれば長安城の郊外の住人を入れると、さらに三十万～五十万人は増えると推測されている。

町には、タクラマカン砂漠を越えてやってきたインド人・ペルシア人・ソグド人等、世界五十四カ国の人々で賑わっていた。その中でも、長安城の西に位置する西市《せいし》には、胡商《こしょう》（シルクロードから来た商人）八千人余が移り住み、エキゾチックな彩りを添えていた。『旧唐書《くとうじょ》』によれば、その異国情緒あふれるさまを、「士女《しじょ》みな胡服《こふく》を衣《き》る」、すなわち、長安の男も女もみな西域の衣服を着るようになったというのである。

インドの音韻学の影響を受け、漢詩に新しいスタイル、絶句（四行詩）や律詩（八行詩）が唐代初期に誕生した。中国古来のゆったりとした歌舞にも影響を与え、テンポの

第二節　長安・洛陽の光彩

速い舞が好まれるようになる。唐の詩人、白楽天はそのようすを「胡旋《こせん》の女 胡旋の女、心は弦《げん》に応じ手は鼓《こ》に応ず」と歌っている。いわゆる、ペルシアなどから来た若い女性が、琵琶や太鼓に合わせくるくると回転しながら舞うというのである。

長安は阿倍仲麻呂をはじめ、唐代だけでも約二三〇〇人の日本の留学生が勉学に励んだ町である。そのほか、新羅《しらぎ》や百済《くだら》など、外国から来た遣唐使の数を加えると膨大な人数になる。まさに国際都市長安であった。

驪山《りざん》から四キロほど離れたところに、秦の始皇帝陵がある。墓の存在は『史記《しき》』や『漢《かん》書《じょ》』にも記されているが、長い間どこにあるのか不明であった。

一九七四年に、たまたま村人が井戸を掘っていたら陶器の兵士像が出てきた。中国は考古隊を編成して発掘を続け、今までに約八千体を掘り出している。今後、まだどれだけ出てくるか分からない。

墓の造営には述べ七十万人以上が動員され、始皇帝を埋葬する時には宮女を多く殉死させ、盗難を防ぐため工人たちを生き埋めにしたという。

西安の東約三十キロ、驪山の北麓に温泉地があり、二七〇〇年前から保養地になっている。穏やかな気候と風光明媚《ふうこうめいび》な山や池は、唐の玄宗《げんそう》の好むところとなり、七四七年、ここに華清宮という名の宮殿を建て、温泉を華清池と名付けた。在位中、約四十回も行幸している。またここは、玄宗と楊貴妃のロマンスの舞台としても有名である。現在でも温泉地として中国人民の憩いの場所になっている。

陝西省《せんせい》の乾県《けんけん》にある章懐《しょうかい》太子の墓には、美しい宮女の絵が描かれている。また、各国から長安の都にやってきた遣唐使の姿を描いた礼賓図は有名である。

章懐太子は、唐の高宗皇帝と武則天（則天武后・在位六九〇〜七〇五）の間に生まれた。しかし武則天に疎まれ三十歳を超えた時に、自殺を余儀なくされた悲劇の皇子である。奈良の飛鳥の高松塚古墳と同じ頃の墓陵であるので、壁に描かれた両国の宮女の姿には共通点が多い。

とにかく西安には多くの名所旧跡があるが、私が強く関心を抱いているのが、日本から中国に渡った井真成《せいしんせい》という遣唐留学生の墓誌である。二〇〇四年十月、長安の東、滻《さん》水《すい》の西の岸辺から出土し注目を集めている。その墓誌の訳文は以下のようなものである。

「公は、姓は井、字《あざな》は真成。国は日本という。才は生まれながらに優れていた。そこで命《めい》を受けて遠い唐の国へ派遣され、馬を走らせ訪れた。唐の礼儀教育を身につけ、その風俗に同化した。正装して朝廷に立ったなら、並ぶものはいなかったに違いない。

しかし、誰が予想したことだろうか、勉学を成し遂げないうちに、思いもかけず三途《さんず》の川を舟で渡り、馬を走らせ柩《ひつぎ》を運ぶことになろうとは。開元《かいげん》二十二年（七三四）正月□日に官舎で亡くなった。年齢は三十六歳だった。皇帝（玄宗）はこれを傷み、死後に追贈する官位を典籍法令にのっとり、詔勅《しょうちょく》によって尚衣奉御《しょういほうぎょ》の官職を贈った。葬式は国葬とした。すなわち、その年の二月四日、万年県の滻《さん》河《が》の原に葬った。礼に基づいてである。

第二節　長安・洛陽の光彩

唐の玄宗や楊貴妃が、外国の使者を接待した長安の華清池の宮殿

秦の始皇帝の兵馬俑

ああ、夜明けに柩をのせた白い車を引き、葬式の行列は赤いのぼりを立てて哀悼の意を表した。遠い国で夕暮れに倒れ、荒れ果てた郊外の果ての墓陵で夜も悲しんでいる。その言葉に言うには、死ぬことは天の常道だが、悲しいのは遠方であることだ。身体はもう異国の地に埋められたが、魂は水の流れに乗って故郷に帰ることを願っている」とある。

墓誌蓋は覆斗状《ふくとじょう》（枡《ます》をひっくり返して、覆いかぶせたような形）、青石質で底面の一辺の長さは三十七センチ、厚さは七センチ、文字は篆書《てんしょ》である。墓誌は厚さ十センチ、文様と飾りはないが、表面に罫線があり、文字は楷書、刻印である。全部で十二行、一七一文字で構成されており、最後に四行の空白の部分と九文字の欠字がある。井真成と阿倍仲麻呂は同じ遣唐使船に乗った可能性があるが、二人の交友関係の有無については、互いの地位、在留期間、死亡年などを総合的に考えて、交流はなかったものと思われる。

長安で一番関心を抱いた所は、郊外にある草堂寺《そうどうじ》である。その堂宇《どうう》の中には、はるばるシルクロードの亀茲《きじ》国からやってきた、訳経僧の鳩摩羅什《くまらじゅう》の遺骨を納めた高さ一メートルほどの八角の舎利塔がある。そこに書かれた銘文のすべてをカメラに収めることができた。

晩年の鳩摩羅什は、後秦の国王の保護のもと、長安の逍遥園などで五年余にわたってサンスクリット語で書かれた仏典を、釈迦《しゃか》の真意をよく捉えて正確に漢語に翻訳してい

第二節　長安・洛陽の光彩

る。その偉業は日本にも大きな影響を与え、鳩摩羅什訳の経典約三〇〇〇巻のうち、約二五〇巻が奈良の正倉院に収蔵されている。

長安の東方にある古都の洛陽は、後漢・魏・晋《しん》・北魏など九王朝の帝都となった千年の都である。長い歴史と文化が薫り、長安と並んで中原《ちゅうげん》と呼ばれている。

二〇〇二年十月、私は奈良県橿原《かしはら》市が主催した洛陽訪問団の顧問として、「平成の遣唐使船」に乗り大阪港を出発した。七〇二年、粟田真人《あわたのまひと》らが藤原京（橿原市）から洛陽に向かった第七次遣唐使の労苦に思いを馳せ、一三〇〇年の佳節を記念して、船で同じコースを行くことになったのである。

洛陽の町の美しさを、梁王朝の簡文帝《かんぶんてい》は、「洛陽は佳麗なる所、大道に春光《しゅんこう》満つ」と歌い、唐の詩人劉希夷《りゅうきい》も、「洛陽城東《じょうとう》桃李《とうり》の花、飛び来《きた》り飛び去って誰《た》が家にか落つる」と詠んでいる。

後漢の建武《けんぶ》中元二年（五七）、「倭《わ》の奴国《なこく》、貢を捧げて朝賀す。使人《しじん》は自ら大夫《たいふ》と称《とな》う。倭国の極南界なり。光武は賜うに印綬《いんじゅ》を以《も》ってす」（『後漢書』東夷列伝）とあるように、日本の使者が初めて洛陽を訪問した折、光武帝から金印紫綬《しじゅ》を賜った。それが、江戸時代の天明《てんめい》四年（一七八四）に博多湾の志賀島《しかのしま》（現・福岡県）で発見された「漢委奴《かんのわのなの》国王」印である。二・三センチ四方、重さ一〇八グラム、持ち手の形が蛇をデザインしたもので、印台と一体になっている。「委」は「倭」の省略形である。印は現在、福岡市博物館に所蔵されている。

井真成の墓誌が発見された西安の東にある万年県の滻水。
この川の左岸から2004年10月に出土した

遣唐使として中国に渡った井真成は、734年、36歳で長安の官舎で死去した。その石碑に刻まれた墓誌の全文

第二節　長安・洛陽の光彩

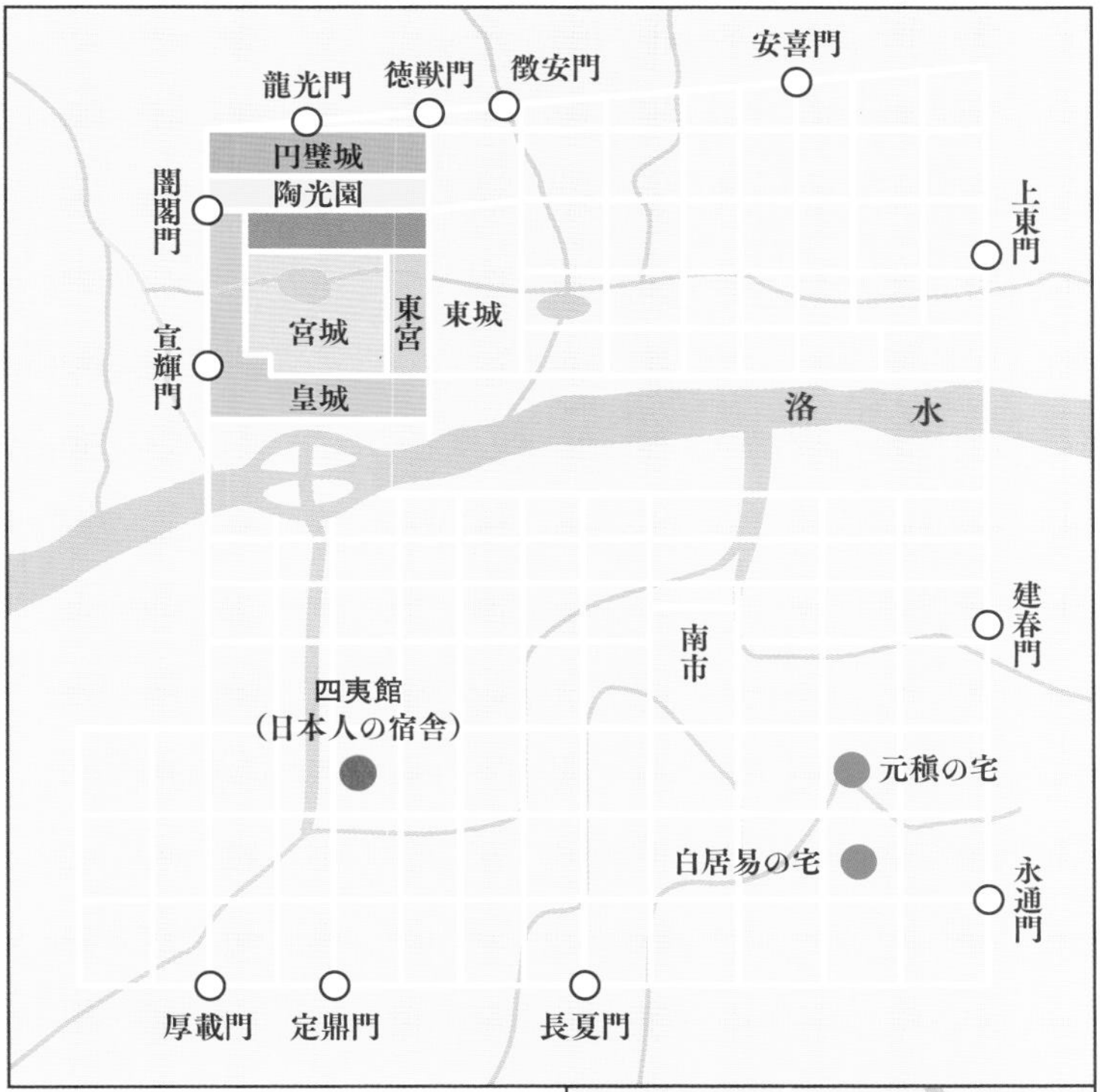

北魏・洛陽城図

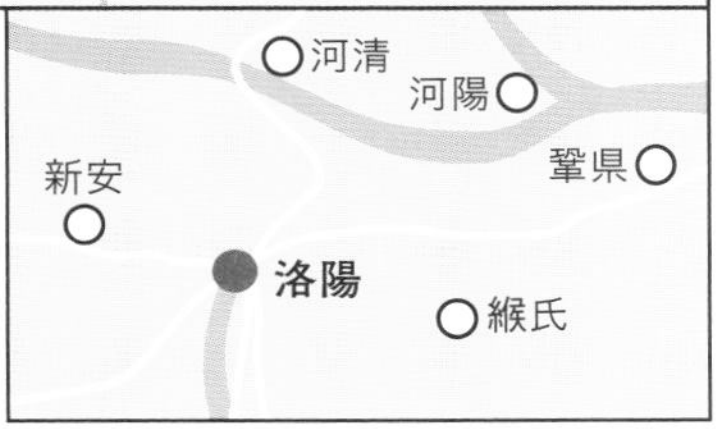

洛陽の町の位置

『後漢書』東夷列伝によれば、安帝の永初《えいしょ》元年（一〇七）、倭国王帥升《すいしょう》は、青年男女一六〇人を献じ、謁見を請うた。さらに、二三八年、邪馬台国《やまたいこく》の卑弥呼《ひみこ》の使者として、大夫難升米《なんしょうめ》と次使都市牛利《つしごうり》は魏に「男生口四人・女生口六人・班布二匹二丈を奉り、以《も》ちて到る」（『三国志』倭人）とあるように、朝貢する時の贈呈品の一つとして、青年男女を加えていることは注目に値する。

『魏志』倭人伝によれば、翌年、景初《けいしょ》三年（二三九）に下賜《かし》されたという金印「親魏倭王」の所在は未だ不明であるが、三角縁神獣鏡《さんかくぶちしんじゅうきょう》一〇〇枚は、島根県の神原《かんばら》神社古墳や畿内や北九州から多く見つかっている。

ところで、卑弥呼の使者が派遣された時代と同じ頃、大月氏《だいげっし》のヴァースデーヴァ（波《は》調《ちょう》）も魏に朝貢し「親魏大月氏王《しんぎだいげっしおう》」の金印を下賜されている。異民族の有力者にも印綬や王の称号を与えることで、中国の皇帝を頂点とする体制の中に組み入れようとしたのである。

なお前年の二三八年、倭と大月氏の使者は洛陽の四夷館《しいかん》（南館）で共に生活している。卑弥呼の使者たちは、朝夕、仏に向かって礼拝したり、勤行《ごんぎょう》する大月氏の使節の姿に接し、異国の宗教に関心を抱き、それが仏教であることを知ったと思われる。おそらく経典の一部も手に入れ、帰国後、卑弥呼や豪族たちに報告したことであろう。

仏教伝来の日本への公伝は五三八年（一説に五五二年）、百済の聖明《せいめい》王の時代、すなわち日本の欽明《きんめい》天皇の御代である。しかし私伝としては、それよりも三〇〇年も遡る卑

第二節　長安・洛陽の光彩

弥呼の時代（二三八年）に、早くも日本人は仏教の存在を知ったと思われる。釈迦滅後、約六五〇年が経過しており、まことに遠く長い時間をかけての仏教東漸《とうぜん》の道であった。

高句麗に中国から仏教が伝来した公伝が三七二年、百済が三八四年、新羅が五一四年であるので、その公伝よりも日本への仏教伝来の私伝は古いことになる。

楊衒之《ようげんし》の『洛陽伽藍記《がらんき》』によれば、後漢の明帝は夢の中で金人（仏像）を見たので、蔡愔《さいいん》・秦景などを天竺《てんじく》（実際は于闐《うてん》国）に派遣してこれを求めさせたという。永平《えいへい》十年（六七）、彼らは白馬に仏像と仏典を載せ、迦葉摩騰《かしょうまとう》、竺法蘭《じくほうらん》等を連れて帰国、これを記念して建立されたのが白馬寺である。

河南省の殷《いん》王朝の紀元前十一世紀頃の墓から、アフリカ人の頭骨やビルマ沖でしか採れない亀甲《きっこう》が出たことは、ユーラシア大陸の人々は、すでに三千年前から往《ゆ》き来《き》していたことになる。私自身、甘粛《かんしゅく》省の張掖《ちょうえき》の博物館で、約二千年前の黒い肌の俑《よう》を見つけた。

西暦前後から二世紀頃にかけて、仏像や経典が成立すると、中国とガンダーラとの地理的、文化的な交流からいって、堰《せき》を切ったようにホータン地域に仏教が伝来している。やがて仏教はホータンからさらに東方に流伝し、四川省成都に入り、長江の流れに沿って楚の地方に伝わった。黄河中流の洛陽の六七年仏教伝来説は公伝であって、私伝としての長江流域の仏教伝来は、それよりも半世紀ほど古いことが分かる。

洛陽の龍門石窟の対岸には、わが国の平安文学に大きな影響を与えた唐の詩人、白楽天の墳墓《ふんぼ》がある。現在、五十四代目の子孫である白謙恭《はくけんきょう》氏が墓守をしており、書家とし

洛陽の龍門石窟の奉先寺大仏は高さ17メートル余もある

洛陽の香山にある白楽天の墓

ても名を馳せていた。

白楽天の詩作品は、白楽天の生存中、早くもわが国に伝わっている。紫式部や清少納言は、『文選《もんぜん》』や白楽天の詩文集、『白氏文集《はくしもんじゅう》』を読んでいた。『和漢朗詠集』も白楽天の詩句を一番多く引用している。その理由としては、白楽天が仏教詩人であったこと、孤愁の美意識を有していたこと、そして、平安中期は、まさに貴族社会が崩壊しつつあり、武家社会が台頭してきた時代であったことがいえる。

白楽天が生まれた唐王朝も、安史の乱以後は、急速に国威を失っていく。白楽天自身も、自分はまさに滅びゆく王朝の中に身を置いているという自覚を常に抱いていた。平安貴族もまさに亡国と哀愁の感懐を共有しての白氏愛好であったといえる。その白楽天は、いま洛陽の洛河《らくが》の南岸に葬られている。

第三節

西夏《せいか》王国の黒水《こくすい》城・黒水国を訪ねて

西夏王国は、チベット系タングート族を中心としてできた多民族国家である。シルクロード交易の利益を背景に勢力を伸ばし、一〇三八年、一族の李元昊《りげんこう》（在位一〇三八～一〇四八）が皇帝と称し、国号を大夏《たいか》と称したが、宋国は西夏と呼んだ。李元昊は建国の二年前、一〇三六年に漢字とチベット文字を参考にして西夏文字を作った。

李元昊は、雄毅《ゆうき》にして、智謀にたけ、河西ウィグルを破って甘州《かんしゅう》、瓜州《かしゅう》を攻略、黒水国や敦煌《とんこう》も支配下に置いた。さらに、青海省の東部に侵入して吐蕃《とばん》と争い、東方の宋国の国境をも攻撃した。

一〇四四年、宋国と西夏は和親条約を結び、宋国は毎年、西夏に絹織物や銀や茶を与えること、さらに国境に市場を設けて交易を行うことなどを約束した。

李元昊の末年、西夏と宋国の北にあった遼国との関係が悪くなり、二代皇帝の李諒祚《りりょうそ》（在位一〇四八～一〇六七）の時、西夏は遼国に降伏した。さらに李諒祚の晩年には、西夏と宋国の関係も悪化し、戦争状態となった。しかし、まだ西夏に余力が残っており、一〇八一年の李憲を総帥《そうすい》とする宋国の遠征軍をかろうじて食い止めた。

五代皇帝の李仁孝《りじんこう》（在位一一三九～一一九三）の時代になると、国内政治に力を入れることができ、多くの人材を輩出し経済や文化が発展した。特に、西夏王国の首都の興

第三節　西夏王国の黒水城・黒水国を訪ねて

慶府と黒水城（カラホト）を結ぶ延長線上、シルクロードの草原の道にキャラバンが往き交い、経済的にも西夏に繁栄をもたらした。

しかし、六代皇帝の李純佑《りじゅんゆう》（在位一一九三〜一二〇六）の末年、蒙古のチンギス・ハン（成吉思汗）の侵入を受け、黒水城、粛州、甘州、涼州が陥落した。一二二七年には、十代皇帝の李晛《りけん》（在位一二二六〜一二二七）が殺され、西夏王国は建国一九〇年足らずで滅んだ。黒水城はシルクロードの要所にあることから破壊を免れ、元代もそのまま使われたが、明王朝の初めに廃棄された。

二〇〇九年秋、銀川《ぎんせん》（興慶府）の西夏王墓の調査のあと、黒水城に向かった。黒水城の城址は元代のエチナ（亦集乃）にあり、黒水城はまたの名をカラホトと言う。カラホトはモンゴル語で「黒い城」の意である。

城は一辺約四一〇メートルの正方形で、城壁の高さは約十メートルあった。東と西に門があり、北西の角にはチベット式の仏塔も三基残っていた。

城内には石臼が散乱、塼仏《せんぶつ》や絹織物や帽子や靴の断片のほか、宋代や元代の陶磁器の破片も数多くあった。

一九〇八年、ロシアの探検家コズロフやイギリスのスタイン隊は、黒水城の城内から多数の古文書を発見している。特に西夏文字を綴った文書の発見は、その後の西夏文字の解読に大きく貢献した。

『宋史』夏国伝《かこくでん》によれば、「西夏国は、中国やチベットから手に入れた仏典を西夏語に翻訳していた」という。

城内の調査によって、黒水城滅亡の主たる原因は、二つあることが分かった。一つは明代に入って、航海術が発展し、海のシルクロードが隆盛を極めるにしたがって、相対的に陸路の役割が減少していったことである。併せて、イスラム教の流入による政治的不安定は、キャラバンの自由往来を妨げる結果となり、しだいにオアシス路やステップ路は衰退していったのである。

いま一つの要因は、地球の自然変動である。一四〇〇年前後から始まった小氷河期は、黒水城一帯に寒冷化をもたらした。かつては、祁連《きれん》山脈の雪解け水は、黒河《こくが》に滔々《とうとう》として流れ入り、黒水城の近くに居延沢《きょえんたく》という大きい湖を出現させた。

ところが、祁連山脈は凍りつき、氷河から流れる水量はわずかになった。黒河は枯渇し、水の流れは黒水城まで到達しなくなった。そのため家畜に与える牧草もなくなり、住民は四散、十五世紀には忽然と砂漠の中に消えていった。

マルコ・ポーロの『東方見聞録』によれば、黒水城は甘州から騎馬で北へ十二日間行ったところにあったという。今では、四輪駆動の砂漠車で、黒河の流れに沿って北に進めば三日で到着する。

黒水城は海抜八七〇メートル、黒河の先端の台地の上にある。東西約四四〇メートル、南北三七〇メートル、高さ九メートルの城壁に囲まれた囲郭都市である。西半分は寺院や役所、東半分が庶民街であった。

第三節　西夏王国の黒水城・黒水国を訪ねて

黒水城（カラホト）外の風景

黒水城内に今も残る石臼

黒水城のチベット系の仏塔群

流沙《りゅうさ》に消えた黒水城は、幻の仏教王国西夏の第二の都、そして、独自の言語を操りシルクロード交易によって栄華を極めた町であったが、いまは静かに砂塵の中に眠り、やがてもとの土に還ろうとしている。

なお、一九三〇年から一九三一年、スウェン・ヘディンを長とする西北科学考察団は、黒水城の南西に続く漢代の国境警備隊の前進基地である居延烽燧《ほうすい》から、大量の木簡を発見した。木簡は一カ所だけでなく近辺のあちらこちらの基地から出土し、合計で約一万点が発掘された。前漢の武帝はエチナ川の流域に居延県を置いて管理させており、その木簡の内容は張掖《ちょうえき》郡居延都尉の公文書のほか、法律や医学の書も含まれている。

一九七二年から一九七三年まで居延考古隊がエチナ川流域の再調査を行い、さらに二万点以上の木簡を発見している。これらを総称して居延漢簡《かんかん》という。書かれている最古の年号は太初《たいしょ》三年（紀元前一〇二）、新しいものは永元《えいげん》十年（九八）である。木簡が出土した場所は、漢の居延城の城址とその近辺と比定されている。

黒水城に流れるエチナ川は、祁連山脈に源を発してゴビ灘《たん》を北方に流れている。河川の両側は黒い砂や岩が多い。そのため黒水城と呼ばれたが、そのエチナ川の中流の黒砂漠に囲まれたところに黒水国がある。エチナ川の上流に近い張掖からは北西十五キロ、漢代の古墳群や煉瓦《れんが》造りの遺跡がある。シルクロードのオアシスの一つの宿駅で、今は黒水国遺址といわれている。

シルクロードには数多くの仏教石窟と城郭が残存し、その遺跡には、出土文物や壁画

第三節　西夏王国の黒水城・黒水国を訪ねて

が多く残っている。近年になって考古学的調査が進み、たとえば新疆《しんきょう》ウィグル自治区や甘粛《かんしゅく》省の遺跡は多くが研究され、わが国にもその成果は伝えられている。

そうした中にあって、甘粛省にありながらも黒水国は、中国側でもやっと研究が始まったばかりである。唐の詩人、陳子昂《ちんすごう》が黒水国の城壁に登って「剣を負《お》い空《むな》しく嘆息、蒼茫《そうぼう》たる故城に上る」と歌い、岑参《しんじん》も、天宝《てんぽう》八載（七四九）、黒水国の郊外から燕支山《えんしざん》を望んで作った作品の中で、「北風《ほくふう》沙《すな》を吹き白草《はくそう》を巻く」と詠んでいる。

黒水国の支配地は、駱駝城・八卦営城・明海城・許三湾城・永固城・張掖東城・仙堤城・双湖城・高老庄城・甘州城・皇城・峡口城・鎮夷城・豊城・霍城・馬営城・暖泉城・東落城・新河城・山丹城・洪水城・南城・瓦房城・旧城・破城などである。

紀元前一七六年、北方モンゴル高原の匈奴《きょうど》が、冒頓単于《ぼくとつぜんう》の出現によりしだいに強大になり、南下して祁連山脈沿いに勢力を誇っていた月氏《げっし》を攻撃、月氏の王は殺され一族は西方の大夏に逃亡していった。匈奴は西域のほとんどを支配、黒水国は祁連山脈北麓の重要なオアシスということから、匈奴王の直轄地となった。

中国の史書には「黒水国」という名称はない。シルクロードには無数の古城や遺跡はあるが、そうした王城や国家の一つひとつが歴史に記録されることはなかった。しかし、黒水国が河西回廊《かせいかいろう》の中部、現在の張掖市街の北西、約十六キロの黒河のほとりに存在し、シルクロードの要衝《ようしょう》の一つとして生産活動を続けていたことは、残された遺跡から知ることができる。

三九九年、『法顕伝《ほっけんでん》』には、「張掖は大いに乱れ、通行もままならかった」とある。しかし四世紀後半に入ると一応静けさを取り戻し、黒水国の東のオアシスである涼州（武威）では、訳経僧の鳩摩羅什《くまらじゅう》が十七年間にわたって平和な日々を過ごし、漢語の修得に精励している。この頃から、河西地方に大型の城郭が、新しい築城方式のもと次々と構築されている。黒水国の北方にも北城が新たに設置され、旧来の城塞は南城と呼ばれるようになった。

黒水国の北城と南城との距離は約二・五キロ、北城は、『大清一統志』巻二六六や『太《たい》平寰宇記《へいかんうき》』巻一五二に記されている張掖郡址、すなわち得故城《とっこじょう》のことである。東西の城壁の長さは二五四メートル、南北の長さは二二八メートル、城壁の高さは朽ち果てているところは約二メートル、高いところは約七メートル、南に門があり、その入り口の幅は五・四メートルである。

この北城は黒河の東の高台にあり、東西南北を遠望できる要地に位置している。城内からは、前漢の五銖銭《ごしゅせん》や魏晋に受け継がれた黒陶器のかけら、唐の貨幣である開元通宝、元や明代まで使用された青花の陶片も確認できる。さらに黒や紅の下地の皿片もあった。北壁には、明代に描かれた『三国志演義』の「桃園の誓い」の場面を彩色した壁画もあり、西壁には四人の女性を描いた美しい「仕女図《しじょず》」も色鮮やかに残っている。

漢代から魏晋にかけての黒水国の人口を、建築遺址から推測すると、約二万五千人である。漢族の移民の定住ということもあり、この地には漢文化が大量に流入しており、

第三節　西夏王国の黒水城・黒水国を訪ねて

銀川の
西夏王陵墓

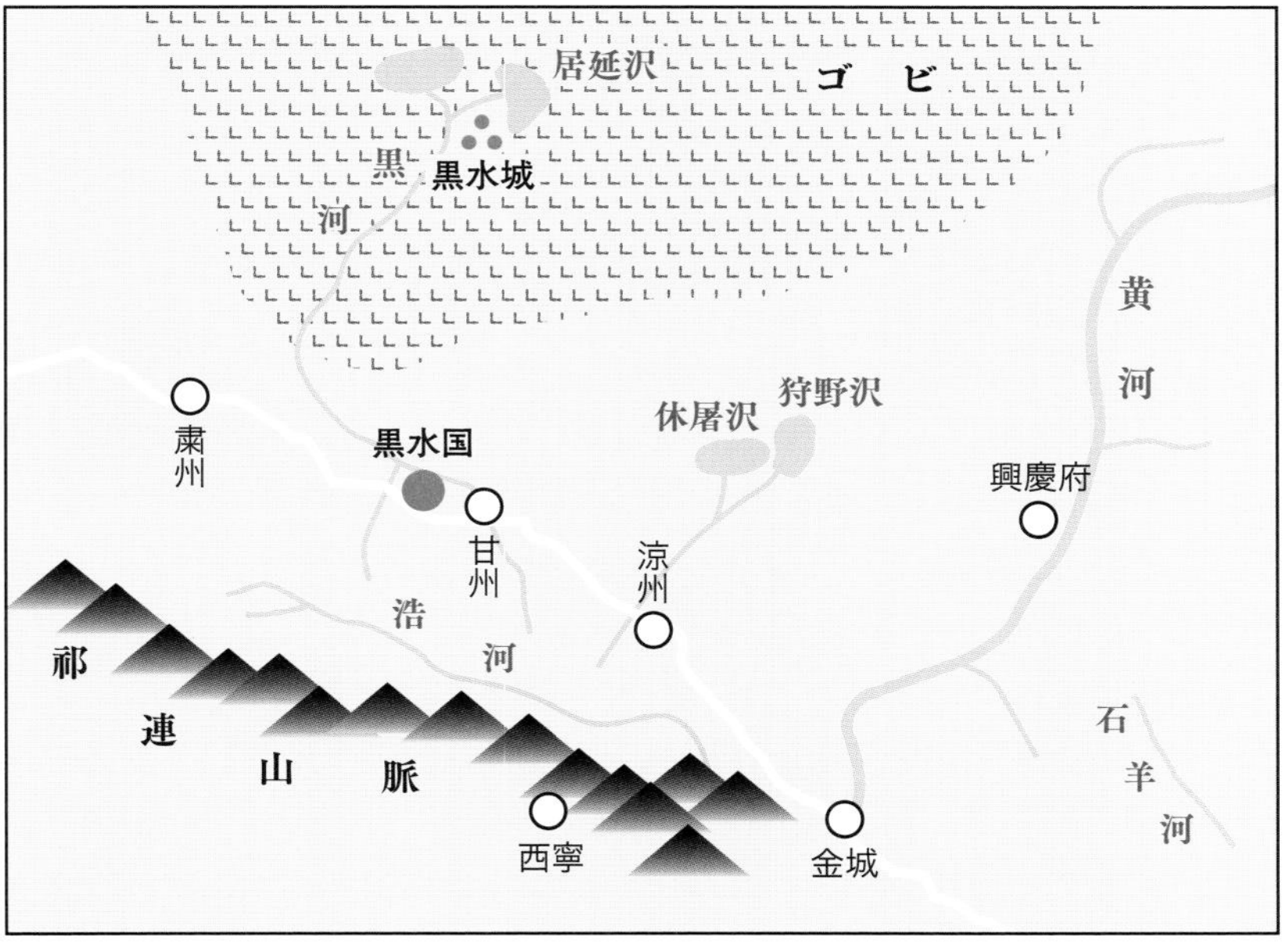

13世紀頃の黒水城・黒水国の位置

漢字が刻まれた磚石《せんせき》（煉瓦）が黒水国の城内に散乱していた。そこには、「大利」・「大吉」・「萬年」・「大富」・「宜銭」・「日利」・「金銭」等と書かれており、中には、永元十四年（一〇二）と書かれた文字磚や後漢に流行した画像磚も出土している。

黒水国の南の農地から出土した一辺が約四センチ、厚さ五ミリの磚には、上に朱雀、右に白虎、下に玄武、左に青龍が美しく刻まれており、この四霊神の存在は中国思想の西域への流入を示している。

黒水国の南城から発見された家屋の門と、屋根を描いた長さ十五センチ、幅十五センチ、厚さ四センチの磚は、四層の楼閣の一部であるが、当時の豊かな庶民生活と建築様式を知る上で貴重な遺物となっている。

漢代から明代まで使用された黒水国の南城の城下には、累々と漢魏晋の墓群が連なっていた。城壁は南北約二二〇メートル、東西約二五〇メートル、面積は約五万五千平方メートルであった。城垣の高さは低い部分で約三メートル、高いところは約九メートル、壁の厚さは一・五～二・五メートル、東の城門の幅は五・五メートルである。四隅に望楼跡も確認でき、高いところは地表から八メートル余もあり、城内は建物が密集していたらしく、柱の土台が所狭しと点在している。

この南城は、前漢から明代まで使用されたようで、各時代の陶片が混然一体となって城内にあふれている。銅鏡や弩《ど》や銅鼎《どうてい》、それに前漢時代の矢じりや羊革でできた弓袋も発見でき、殿堂や兵士の宿舎、また、倉庫や駅舎や食堂跡もあった。

第三節　西夏王国の黒水城・黒水国を訪ねて

『甘鎮志《かんちんし》』駅伝の小沙河駅の記述によれば、黒水国の南城には、絶えず五十七頭の馬が配置され、軍兵は一一三名、牛車は五十輌もあったという。ここには有史以前に人々が住みついていたが、本格的な城塞を構築したのは、魏晋時代に入ってからである。『甘州府志』によれば、唐代には宿駅として多くの旅人が往来している。この南城は、西夏時代に修復され、特に天聖《てんせい》六年（一〇二八）、吐蕃を陥落させたあとは、宣化府という名称のもと、治安の安定を保つ中心拠点となっている。しかし、淳熙《じゅんき》三年（一一七六）、河西回廊の諸州に大干魃《かんばつ》が起き、食糧はほとんどなくなってしまった。

元代の黒水国の城内には、多くの仏教寺院が林立していた。黒水国は、甘州の一つの重要な城郭として繁栄し、この地域の大乗仏教の興隆は目を見張るものがあった。仏教興隆のうねりは、次の明代にも受け継がれ、小沙河駅として重要な交通路の要衝となっていくのである。

なお、唐代に再建された寺院の痕跡は、住民の居住区の中心だった北城の中心にあり、寺院の周りには店舗が立ち並んでいた。いわゆる門前町である。たとえば、黒水国の北城の一カ所からは、東西約十五メートル、南北八メートル、幅八メートルの商店の垣根が確認でき、その近くから彩色された生活用品としての陶器が大量に出土している。また、漢の五銖銭、唐の開元通宝、さらに、陶《とう》羽觴杯《うしょうはい》、大陶壺、銅刀も発見されている。

黒水国に仏教が伝えられたのは、二世紀初め頃と思われる。中国への仏教初伝が後漢の明帝の時代、すなわち六七年であるので、伝来ルートから考えてみると、その仏教は

黒水国に今も残る望楼。高さは約8メートルあり、右手に入り口がある

黒水国の西方には、鋭利な黒石が虚空をつき刺すように続いていた

第三節　西夏王国の黒水城・黒水国を訪ねて

黒水国の北方には、胡楊を使用した家屋の柱が残っていた

黒水国の北方には、廃墟となった城郭の跡が、流沙の中に孤影悄然と残存していた

于闐《うてん》、楼蘭《ろうらん》、敦煌、酒泉、黒水国、武威、蘭州を通過して長安や洛陽に入ったものと思われる。

黒水国の滅亡は明代末期（十七世紀中期）である。巨大な嵐が町や村を襲い、すべてを巻き上げ、砂漠に埋没させてしまった。その後、二度と黒水国は復興することはなく、黒水城とともにゴビ灘に埋没し続けていくのである。いま、甘粛省文物考古研究所は、黒水国遺址の発掘調査中であり、その成果が期待されるところである。

第四節

流《りゅう》沙《さ》の都〝敦《とん》煌《こう》〟の美と心

一九七九年夏、悠久二千年の歴史の町、敦煌を訪ね仏教美術の宝庫、莫高窟《ばっこうくつ》千仏洞を参観した。

前漢の七代皇帝の武帝（劉徹《りゅうてつ》）が紀元前一一一年に設置した敦煌は、人口三万八千余、戸数一万千二百、西域開拓のための軍事基地だった。シルクロードに平和が訪れると文化都市へと変転、屯田兵《とんでんへい》によって水利事業も順調に進み、農業生産も向上した。

敦煌が栄えたのは、六朝《りくちょう》から唐代（五世紀〜十世紀）にかけてである。深目釣鼻《じんもくきんび》・紫髯緑眼《しぜんりょくがん》の胡人《こじん》（西域の異民族）が往来し、使節や行脚僧《あんぎゃそう》が宿泊する要衝《ようしょう》の地となった。唐代に編纂《へんさん》された、六朝前期について記されている『耆旧記《ぎきゅうき》』に、敦煌は「華戎《かじゅう》の交《まじ》わる所の一都会なり」とあるように、漢族と少数民族が同居し、交流もあり、全く争いが起こらなかった。それどころか共同で莫高窟に石窟を供養している。この平和という事実は、生命の尊厳や不殺生《ふせっしょう》を説く仏教の教えが、広く民衆の中に浸透していたからに他ならない。

五世紀末には、住民の八割までが大乗仏教に帰依《きえ》している。十七の民族が入り交じり、活気あふれる仏教東漸《とうぜん》の揺籃《ようらん》の地、自由と平和の別天地となった。支配者と民衆と僧侶がよく団結し、共に敦煌を楽土郷にしようと努力していたのである。

第四節 流沙の都〝敦煌〟の美と心

莫高窟千仏洞の大仏殿

インドに起源を持つ仏教は、敦煌で花開いたと言える。インドから敦煌への仏教伝来のコースは二つある。一つはガンダーラからヒンドュークシュ山脈を越えて、ウズベキスタンのサマルカンドから疏勒《そろく》への伝来である。紀元前一世紀から八世紀までその流れは続いている。今一つはガンダーラからギルギットを経て于闐《うてん》国へのルートである。三世紀から十世紀まで利用されていた。

初めは二つとも西域南道を利用して、仏教は楼蘭から敦煌に伝えられた。しかしタクラマカン砂漠の拡大により、しだいに西域北道が利用され、疏勒→尉頭《いとう》国→亀茲《きじ》→吐魯《トル》番《ファン》→敦煌への流れになる。

敦煌には重要な関所が二つあり、その一つが北西約一〇〇キロにある漢代の玉門関である。東西二十四メートル、南北二十六メートル、高さ約九メートルで、今は金網の柵ができ、中に足を踏み入れることもできなくなっているが、以前は自由に出入りできた。城壁の割れ目に手や足をかけ、壁の上に登ってみると、西方に漢代の長城が楼蘭《ろうらん》の方面に細長く続いているのが見える。北には草原が広がり、河倉城《かそうじょう》から西へゆったりと疏《そ》勒《ろく》川が流れている。まるで、絵巻物のような風光であった。

辺塞《へんさい》詩では、「春風《しゅんぷう》度《わた》らず玉門関」（王之渙《おうしかん》）・「総《すべ》て是《こ》れ玉関《ぎょっかん》の情」（李白）・「孤城遥かに望む玉門関」（黄庭堅《こうていけん》）などと詠まれている。

陽関の関所は、敦煌の南西約八十キロにある。玉門関の南方にあり太陽に近いということから、陽関と名付けられたという。また、陽という人物が構築したので、その名を

第四節　流沙の都〝敦煌〟の美と心

とって陽関と名付けたとの説もある。長い間、西域交通の起点となり、唐末の詩集「沙《さ》州《しゅう》敦煌二十詠」其の六「陽関戎詠」には、「万里 西域に通じ、千秋 尚《なお》名有り」と詠まれている。

今の陽関は、昔の陽関の近くにあった烽火台跡である。高さは四・七メートル、幅六・八メートル、夕陽に紅く輝く雄姿は美しく、唐の詩人、王維《おうい》の「君に勧《すす》む更に尽くせ一杯の酒、西のかた陽関を出《い》づれば故人無からん」の一節を思い出した。

敦煌には、莫高窟・楡林窟《ゆりんくつ》・西千仏洞・水峡口石窟など八カ所の石窟があるが、規模が大きく、四世紀から十四世紀までと造営期間が長かったのは莫高窟である。「莫」は「漠」のことで砂漠の高いところにある窟の意である。

洞窟は、敦煌の南東二十五キロ、鳴沙山《めいさざん》の東の岸壁にある。全長一六八〇メートル、唐代には千余窟もあったが、現在は四九二窟のみ残存している。

石窟を開いた時期や由来には、二説ある。十一世紀に書かれた地誌の「沙《さ》州城《しゅうじょう》土《ど》鏡《きょう》」によると、三五三年、地元の信徒によって第一窟が造営されたとある。また、李氏碑文では、三六六年にたまたま敦煌にやってきた楽僔《らくそん》という人物が、千仏の飛翔する姿を見た。よってこの地を「神秀の幽厳《ゆうげん》、霊奇《れいき》の浄域《じょういき》」と定めて第一窟を開いたとも伝えている。

次いで法良《ほうりょう》という人物が、楽僔の窟の側《かたわら》にさらに一窟を造営、その後に建平公《けんへいこう》と東陽《とうよう》王《おう》らが開窟した。唐代に建てられた「重修《ちょうしゅう》莫高窟仏龕《ぶつがん》碑」（六九八年刻字）には、この

敦煌の西北100キロにある漢代の玉門関

敦煌の南西80キロにある漢代の陽関

第四節　流沙の都〝敦煌〟の美と心

敦煌鳴沙山の風光

夕暮れ時の鳴沙山と月牙泉

間の事情を「楽僔・法良その宗を発し、建平・東陽その迹《あと》を弘む。甲子《きのえね》四百他歳を推するに、窟室は一千余龕《がん》を計《かぞ》う」と記されている。

唐代の最盛期、前庭には寺院仏閣が甍《いらか》を並べ、それがオアシスの緑と一体になって大《だい》泉河《せんが》に映ずるさまは、流沙の彼方の桃源郷《とうげんきょう》を思わせたことであろう。ラクダの背に揺られ、ゴビやタクラマカンを越えてやっとたどり着いた旅人は、莫高窟の仏教芸術に接し、平和の尊さと仏教の崇高さに深い感動を覚えたことであろう。特に、隋《ずい》から唐にかけて最も賑わいを見せている。西域最大の仏教拠点として十七の大寺が建立《こんりゅう》され、約千人の僧尼が訳経と弘教《ぐきょう》に精励していた。

敦煌の隆盛を歌った文学作品は数多い。仏教経典を文学作品に読みかえた「張議潮変《ちょうぎちょうへん》文《ぶん》」は、当時の庶民の生活の安定ぶりをよく表現している。

二月になるとうららかな春日和となり、
敦煌の家々から楽しい歌が流れて来る。
張議潮さまは、必要に応じて支援してくださり、
夫人も、節句などには必ずお祝い品をくださる。
太陽も月も星も、この頃は美しく輝き、
敦煌の六つの村人はみな、この地は理想郷だと言っている。

第四節　流沙の都〝敦煌〟の美と心

北魏《ほくぎ》から唐代の敦煌人の日常生活は、中原《ちゅうげん》の文化とさほど落差はなく豊かで、華北が五胡の混乱時代に入っても、敦煌は安全であり治安もしっかりしていた。仏教で説く女人成仏《にょにんじょうぶつ》の教えも浸透し、女性も社会の第一線で活動している。敦煌の第一七窟から出土した漢詩で、女性の一生を十年ごとに区切って百歳までを詠んだ七言絶句、「女人百歳篇」では、女性の子どもたちが楽しく遊んでいるようすを詠んでいる。

　三十歳になると、息子は立派に成長し、娘は色鮮やかな薄絹を張ったカーテンの中で、鏡を手に取って花かんざしを整えている。
　牡丹の花咲く季節には、のどかに歌って遊んだり、棹《さお》をあげて船に乗り蓮の花を採っている。

敦煌の町では美しい紗絹《しゃけん》が庶民のカーテンにまで使用されており、この事実はもはやこの町が、荒涼とした辺境の地でないことを示している。
我が国の詩人、蔵原伸二郎は、一九四三年に出版された詩集『暦日の鬼』の「敦煌」で、幸せな庶民生活を次のように歌っている。

　その頃の仏教は新しい光明《こうみょう》であった。
満月であった。

東洋の満月であった。
今の世の仏教よりずっとずっと有難いものであった。
貧しい人達の生命と生活を守る力があった。
だからあんなに美しい仏像が刻まれたのだ。

仏教文化、庶民文化の華が敦煌の郊外、鳴沙山と三危山《さんきざん》の相迫る断崖に莫高窟千仏洞として花開いた。高度な想像力と芸術をもって、仏教美学の理想を視覚的に表現したのである。

莫高窟で強く感銘を受けたのは、工人窟、職人窟と呼ばれる北区の調査の時である。大泉河の西岸には大小の洞窟がハチの巣のようにあり、そこでは仏像を造ったり壁画を描いたり、断崖をくり抜いて石室を作る技術職人が寝起きしていた。梯子《はしご》を使って登り、中をのぞいてみると、窟内は畳六畳ぐらいで三〜四人が生活していたようである。粗末な絵筆や絵皿が窟内に散乱していた。冬はマイナス三十度を超える日が続く場所で、技術職人たちは寒風に耐えながらも、石窟の造営に精励していた。

莫高窟の造営に携わった人々は、代々その伝統的な技法を受け継いだ者たちである。画工たちは、仏典の具現化に取り組むうちに、いつしか仏教に心惹《ひ》かれ、一筆一筆に自らの成仏を願い、全生命力を賭けて石窟造営に取り組んだ。

画工たちには政治家や豪族や大商人などのスポンサーがついていたが、中には貧しい

敦煌の大泉河の西岸、鳴沙山の断崖に穿《うが》たれた莫高窟千仏洞の工人窟

中心に座す仏の頭上に法華経見宝塔品の二仏並坐が描かれている
(第45窟　盛唐)

人物もいる。出土文物によれば、我が子を売って、その代金で顔料や絵筆を買って壁画作成に取り組んでいる画工もいたことが分かる。

しかし、単なる雇われ根性だけで仕事をしていたのではない。仏教で説く生命観や宇宙観を、文字が読めない砂漠の民に理解させるため、情熱的に使命感を燃え上がらせて筆を執ったのである。経典の内容を絵解きした壁画は、幅一メートルにすると長さ四十五キロにも及んでいた。

過去の形式や枠組みにとらわれない抜群の色彩感覚、どの壁画にも詩があり、哲学があり、そして画工たちの暖かい芸術性があった。彩色の仏像は約二五〇〇体も残存しており、卓越した塑像《そぞう》芸術の中に深い精神性が脈動している。

敦煌郡の設置時に華北平原から兵卒に徴発された者の多くは、流落農民や犯罪者や政治犯であった。しかし漢末から三国時代の動乱期にかけては、長安や洛陽から、漢朝四〇〇年の正統的な文化を受け継いだ士大夫《したいふ》や文人墨客《ぼっきゃく》、そして技工集団が、中原の混乱を避けて、河西回廊《かせいかいろう》に約一万人逃亡してきたのである。『晋書《しんじょ》』巻八六には、敦煌方面への逃避行のようすを「中州、乱ると雖《いえど》も此の方安全」と記録している。中州とは長安や洛陽のことである。

先人の苦闘と団結により、敦煌は仏教文化が隆盛した平和なオアシスとして栄えた。たとえ政権交代劇が繰り広げられようとも、一人ひとりの心に生命尊厳の思想が浸透していたので、殺戮《さつりく》を極力避けている。唐末のクーデターにおいて吐蕃《とばん》（チベット）を追

第四節　流沙の都〝敦煌〟の美と心

放した漢人の張議潮などは、夜中に銅鑼《どら》や太鼓《たいこ》を打ち鳴らして城内のチベット兵士を驚嘆させ、わざわざ南門を開けておいて故地のラサへと追い返している。

「敦煌曲」では、後漢（二五〜二二〇）に各方面に多くの人材が輩出し、諸民族からも敬慕されるようすを「敦煌古往《こおう》、神将《しんしょう》を出《いだ》す。諸蕃《しょばん》を感得せしめ、遥かに欽仰《きんぎょう》せしむ」と記している。

五世紀から八世紀、窟と窟の間は、精緻《せいち》な彩色の桟道《さんどう》で連結された。この地を訪れた人々は、その美しさに悠久の天地へ思いを馳せ、決意も新たに仏法実践を誓ったことであろう。

しかし、繁栄していた町も八世紀中頃から滅亡の兆《きざ》しが見え始めた。それは、他国の侵略でもイスラム教の浸透でも砂漠化でもない。内部から崩壊していったのである。驚くべきことに唐代の敦煌の人口約二万人のうち、僧尼が千人余も出現してしまったのだ。二十人に一人は僧侶であり、その僧侶たちは何の生産活動もせず、住民から布施《ふせ》や供養《くよう》を要求し続けたのである。

僧侶は、毎夜のごとく役人を接待し、酒宴を繰り広げ、権力と結託し、宗教に名を借りて住民から金品を強要し続ける。そのため住民の生計は日ごとに苦しくなり、出土文書によれば「昼は則ち水を飲んで餐《さん》し、夜は則ち寒吟《かんぎん》して暁《あかつき》を待てり」との悲惨な生活になってしまった。

寺院収入の第一は、高利貸付による利子収入であった。永安寺の僧侶の長千は、高利貸として半年で五割の利子の支払いを約定したり、返済が遅れると倍返しの義務があると契約したりしている。もしも本人が逃亡したならば、保証人が代わってその義務を負うとまで明記された証文までも取り交わしていた。

寺院による敦煌住民に対する簒奪《さんだつ》と搾取《さくしゅ》により、人身売買が日常茶飯事《さはんじ》に行われるようになっていった。ペリオ文書三八七七号の紙背《しはい》には、「七歳の実子、慶徳を売った」とある。また、「見ることなかれ彼の破戒、ただ求む財利の多きを」、「戸に入りて貧妻を見れば、舎より漏れり児の啼哭《ていこく》するを」と書かれている。

敦煌地方は九世紀から十世紀にかけてイスラム化が進み、イスラム軍が敦煌に入城した時、指揮者は莫高窟の破壊を命じた。これに対し、敦煌に住む住人たちは「あの莫高窟には、死者の霊魂が立ち込めているから近寄ってはならない」と述べ、強く反対したという。

そのとき敦煌の住民は、すでにイスラム教を信仰するようになっていたが、先祖が精魂こめて造営した莫高窟の仏像や壁画を、無意識のうちに守りたいという思いが脳裏に刻みついていたのであろう。イスラム軍も死者に対する恐怖と、住民の反対により破壊することを諦めた。

敦煌の転機は十一世紀、蛮勇をもって鳴る西夏《せいか》軍の騎馬隊が押し寄せてきたことに始まる。存亡の危機に直面した曹政権は、一説によれば、この時に大量の仏典や古文書を、莫高窟の壁中に隠したという。後世で言うところの、第一七窟蔵経洞の古文書類である。

第四節　流沙の都〝敦煌〟の美と心

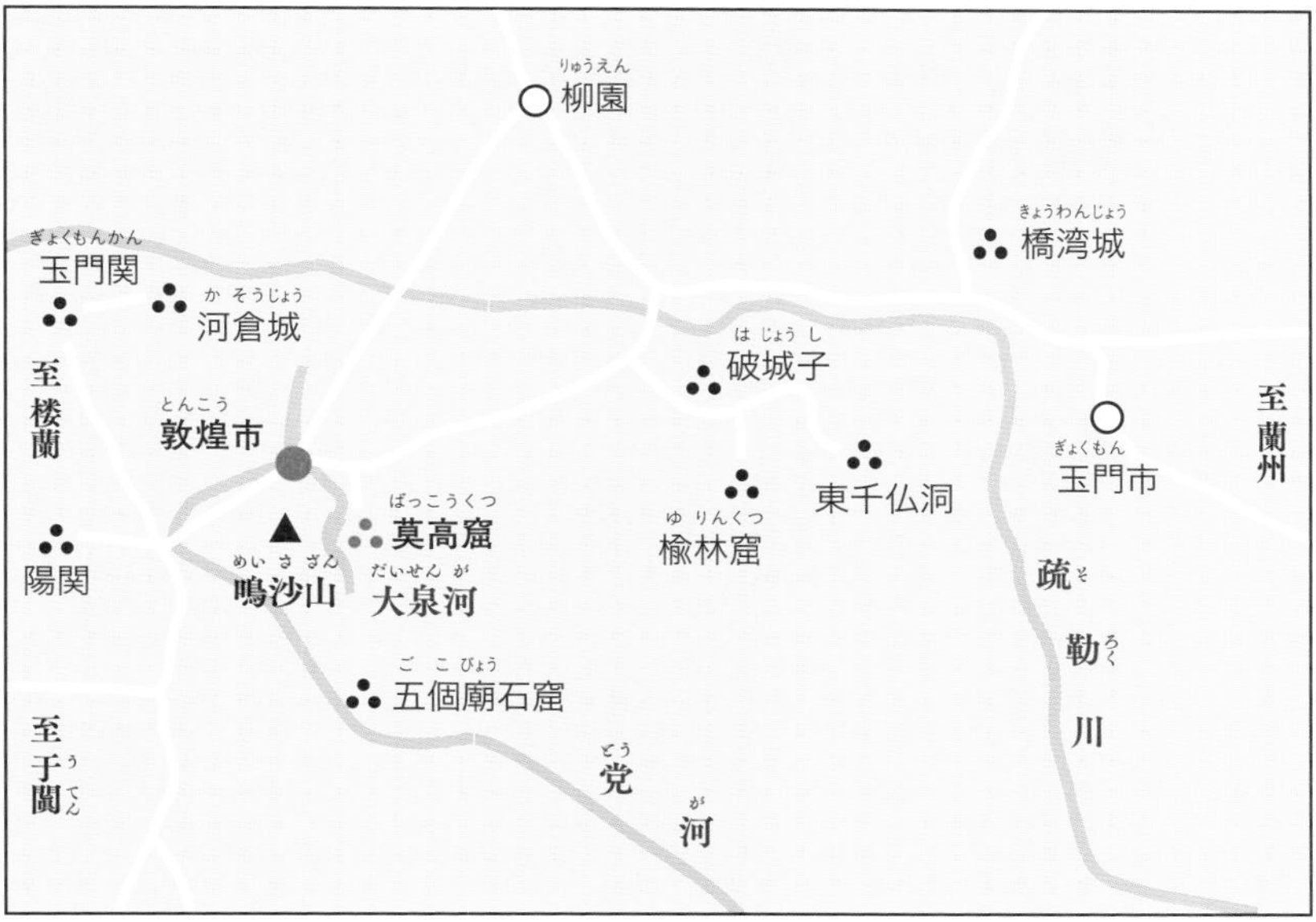

敦煌近辺図

十二～十三世紀頃から、住民がしだいに離散し、莫高窟には住む人もいなくなった。明の嘉靖《かせい》三年（一五二四）、東チャガタイ・ハン国の軍隊の侵入に対し、嘉峪関《かよくかん》を閉鎖して、敦煌を完全に放棄、繁栄を極めた敦煌も見る間にその活力を失い、やがて廃墟となって流沙に埋もれてしまったのである。

折りしも、敦煌の町が水枯れし、町は清の雍正《ようせい》三年（一七二五）に、約三キロ北西に移転した。今日、敦煌の町を訪ねても当時のようすがあまり感じられないのは、このためである。往時の繁栄をとどめるものは、敦煌故城の城壁の一部と、鳩摩羅什ゆかりの白馬塔だけである。町から莫高窟までは約二十四キロある。その距離の長さが石窟を守った一つの要因にもなった。吐魯番のベゼクリク千仏洞や亀茲《きじ》国のキジル千仏洞、そして葉城《ようじょう》（カルガリク）のキバン千仏洞のように、仏像は壊され壁画はむしり取られることはなかったのである。

荒涼たる砂の海に沈黙し続けた莫高窟に、世界の目が再び注がれたのは、清の光緒《こうちょ》二十六年（一九〇〇）五月二十六日のことである。王円籙《おうえんろく》なる道士が、第一七窟蔵経洞より、約五万点に及ぶ貴重資料を発見したのである。だがこれらの資料の大部分は、イギリス・フランス・アメリカ・ドイツ・日本などに流出してしまった。

しかし、中国に一人の偉大なる人物が出現した。荒廃する莫高窟を守るため生涯をかけて、修理と保存に尽力した常書鴻《じょうしょこう》画伯である。その後、世界各地から多くの支援者が現れ、莫高窟は荒廃を免れた。莫高窟の前庭には二十余名の名前と写真が掲示され顕

第四節　流沙の都〝敦煌〟の美と心

彰されている。

敦煌出土の古文書は、中国文学の研究に大きく貢献している。たとえば、八八三年、唐の詩人の韋荘《いそう》は、黄巣《こうそう》の乱の真っただ中、賊軍が長安城中に攻撃を加えるようすを、長編叙事詩「秦婦吟《しんぷぎん》」に詠んでいる。その一節に「内庫焼かれて錦繍《きんしゅう》の灰と為《な》り、天街踏み尽す公卿の骨」とあり、人々は韋荘のことを「秦婦吟秀才」と呼んだ。

しかし、この詩の原本と写本は、唐末五代の争乱の時、この詩の原本も写本もすべて散逸し、ただ詩題のみ伝わった幻の作品として久しく世に知られなかった。それが、第一七窟蔵経洞から出土したのである。詩篇は十本も書写されていた。

さらに今一例をあげるならば、唐の詩人、李白の作品は、親類の李陽氷《りようひょう》が編集した『唐李翰林《かんりん》草堂集』と、魏顥《ぎこう》の『李翰林集』があった。しかし、両方とも散逸し見ることができず、現存する最古のものは宋代のものである。宋本を底本として清朝の王琦《おうき》本との校勘《こうかん》によって生み出された「李白詩」がいま盛行している。

ところが、莫高窟から出土した李白の作品と宋本とは、文字が異なる部分が多々ある。たとえば、「黄鶴楼《こうかくろう》にて孟浩然《もうこうねん》の広陵に之《ゆ》くを送る」という詩の転句（三行目）は、宋本では「孤帆《こはん》の遠影《えんえい》碧空《へきくう》に尽《つ》き」となっているが、敦煌出土の写本には「孤帆の遠映緑山《りょくざん》に尽き」となっている。その他、敦煌出土の李白詩四十三首中、約半分に文字の異同があることが分かった。

唐代において西域に旅する商人や使節が、長安の都で書写して敦煌に持っていき、現

敦煌の河倉城。兵士たちの食糧倉庫である

玉門関から楼蘭方面に続く万里の長城

地の敦煌人が書写した作品が原本に近いか、それとも、百年以上の乱世を経てやっと探し求めて宋代に編集した今日の李白詩集が近いか、私は敦煌本の方が遥かに原本に近いと思っている。

　このように敦煌は仏教伝来の中継地としての役目もさることながら、芸術や文学や思想においても重要な位置を占める文明の宝庫であった。一九八七年に世界遺産になったことからも、今後ますます注目を集めていくと推察される。

第二章

タクラマカン砂漠の周辺に咲いた仏教美術

第一節

吐魯番《トルファン》は民族興亡の歴史舞台

新疆《しんきょう》ウィグル自治区の東北の一角、すなわち天山南路に位置する吐魯番は、東経八九度、北緯四三度を中心に東西約二〇〇キロ、南北七十余キロの盆地に位置するシルクロードの重要な地である。昔から「東の敦煌《とんこう》、西の吐魯番」と呼ばれ、長い間、大乗仏教東漸《とうぜん》の中継地として栄え、西域の文化と政治の拠点となった。また、南下する北方遊牧民族と、西に進出しようとする漢民族との戦乱の舞台となっていた。

吐魯番は火州《かしゅう》とも呼ばれ、炎熱のオアシスとして知られている。この地域の特徴は、「乾燥・高温・強風・低地」である。年間降水量は十五ミリ、それに対して蒸発量は三千ミリ、湿度は三パーセント以下というすさまじさである。民航気象台の記録では、気温摂氏四十九度、地表温度八十二度まで上がったことがあるという。

吐魯番のアイデン湖は、ヨルダンの死海に次いで海抜が低く、マイナス一五四メートルの低地にある。このような地理条件にあっては、水は生命と同義語である。ウィグル人は水を（SU）と発音するが、これはウィグル語の「血」の発音とほぼ同じである。中国語では蘇（SU）の字を使うが、その意味は「復活、死から脱出する」である。

住民は、生命の根源ともいうべき水を、カレーズから取っている。カレーズは、井戸を掘って横に連結し、村まで水を引いてくる地下水道である。地上では蒸発量が多く、

吐魯番の街で見かけた老人とロバ車

吐魯番の火焔山の正面

そのため地表を流れる水は、塩分を多く含んでしまい農作の役に立たない。カレーズのみが、良質の水を得る最も有効な方法なのである。カレーズの意味は「地下の生命の道」である。その水によって飲料水を確保し、耕地を灌漑《かんがい》し作物を作る。このカレーズは十一世紀頃、イランの井戸掘りの技法が伝来したものといわれているが、中国の学者の王国維《おうこくい》は、漢の昭帝の時代に辛賢武《しんけんぶ》が普及させ、それが吐魯番にまで伝えられたと述べている。

カレーズは短いもので約三キロ、長いものは約十六キロにも達し、現在は約千本ある。カレーズは、ポプラ並木やニレの木々の間をぬうように流れ、その近くでは小麦、キビ、ハミウリ、スイカ、綿花、コウリャン、ヒマワリなどが栽培され、羊やラクダや馬なども育てられていて、牧歌的なオアシスの様相を呈している。

はるばる流沙《りゅうさ》を越えてこのオアシスを訪ねた旅人、その目に映った光景は、美しいブドウ園とカレーズであった。吐魯番には泥煉瓦《どろれんが》を積んで一つ置きに空白を設けた「蔭房《いんぼう》」と呼ばれる畳三、四枚ぐらいの小室が数多く建っている。いわゆるブドウ棚で、この中にブドウを吊るしておくと、一週間で美しいみどりの干しブドウができる。

現在、吐魯番には十三種のブドウがあるが、もともとの原産地は中央アジアの温帯地方であった。前漢七代皇帝の武帝（在位紀元前一四一～紀元前八七）の時に長安に伝来し、以後、各地で栽培され日本へは遣唐使が持ち帰ったと伝えられている。

唐の玄宗《げんそう》皇帝の開元《かいげん》年間に、西涼府《せいりょうふ》の都督《ととく》（長官）であった郭知連《かくちれん》が、地元の流行歌

第一節　吐魯番は民族興亡の歴史舞台

を朝廷に献上したところ、詩人の王翰《おうかん》がさっそくその曲譜に合わせて「葡萄《ぶどう》の美酒 夜光の杯」から始まる「涼州詞《りょうしゅうし》」と題する七言絶句を作った。ブドウ酒の赤色と玉杯のみどりの輝きが、味覚と視覚と相まって異国情緒ゆたかに歌われている。

紀元前一七六年、匈奴《きょうど》の冒頓単于《ぼくとつぜんう》は中央アジアに大遠征して、「月氏《げっし》、楼蘭《ろうらん》、烏孫《うそん》、車師《しゃし》（トルファン）など西域三十六国を支配下に入れた」と漢王朝に手紙を寄せている。それに対して、前漢の武帝は紀元前一一〇年、従驃侯《じゅうひょうこう》の趙破奴《ちょうはど》を車師に遠征させ、紀元前六六年に車師を攻略した。

車師の都の交河《こうが》城には、約七〇〇戸の家が並び、人口は六千五十、兵数は一八六五人であった。この車師は、紀元前二世紀より以前は塞《さい》と呼ばれていた。

初元《しょげん》元年（紀元前四八）、『漢書《かんじょ》』西域車師伝によれば、吐魯番の高昌《こうしょう》城に漢の武将の徐普《じょふ》を屯田させた。これによって、交河と高昌は隣接の地であるが、異なる民族文化の華を咲かせるようになり、雅尔《ヤール》湖千仏洞は車師文化を、ベゼクリク千仏洞は漢文化の影響を強く受けた仏教石窟となる。

唐代に成立した類書、『初学記《しょがっき》』巻八には、東晋《とうしん》の咸和《かんわ》二年（三二七）、前涼《ぜんりょう》の張駿《ちょうしゅん》は、吐魯番を支配下に収めると、交河城から高昌城に政治や経済の中心を移したとある。のちの吐魯番支配王朝である前秦、後涼《こうりょう》、西涼、北涼も高昌城に都を置いた。以後、『晋《しん》書《じょ》』張軌伝《ちょうきでん》に「以《も》って其の地、高昌郡と為《な》す」とあるように、高昌の名はこの盆地を支配した王国の名前となっている。

車師国の都城だった交河故城

四世紀から九世紀頃にかけて、仏教は多くの吐魯番の住民の支持を受け信仰された。出土した経典《きょうてん》の残簡《ざんかん》だけでも、一万点をはるかに超えている。中でも、高昌城から見つかった三九七年書写の「正法華経観世《かんぜ》音普門品《おんふもんぼん》」と、ベゼクリク千仏洞から発見された五五九年書写の「妙法蓮華経観世音菩薩普門品」は、鳩摩羅什《くまらじゅう》訳の初期経典として、仏教史上極めて重要な資料となっている。

　ベゼクリク千仏洞の経典の発見の経緯は、次の通りである。一九八〇年代、吐魯番のムルトゥク河の水位が上がり、ベゼクリク千仏洞の窟内に河水が流れ込んできた。水が引いたあと窟内は泥土に覆われてしまったので、管理者が清掃していた時、陶瓶の頭部が泥土の中から突き出ているのに気付いた。引っ張り出してみると、鳩摩羅什が

ベゼクリク千仏洞は高昌国の王族の寺院で、83窟のうち57窟が現存している。
559年書写の鳩摩羅什訳の「妙法蓮華経観世音菩薩普門品」の写本が出土した

外国の探検家によって削り取られた壁画
（ベゼクリク千仏洞）

長安で四〇六年に漢訳した「妙法蓮華経観世音菩薩普門品」であった。末尾に写経した日付、書写した人物も明記されていた。

なお、吐魯番の法華経の盛行の近因は、カシミールの岩石刻画、摩崖仏《まがいぶつ》であるが、中国文化圏に伝わると、紙文化の影響を受けて多くの経典が出現した。さらに、吐魯番から敦煌に仏教が東漸すると、法華経は諸経の中でも最も信仰されたことが、謝稚柳《しゃちりゅう》の『敦煌芸術叙録』に詳述されている。

ベゼクリク千仏洞は、五世紀から七世紀の高昌国の時代に栄えた仏教拠点の一つである。ベゼクリクとは「美しく飾られた家」という意味で、吐魯番郊外のムルトゥク河の断崖に造営されている。窟は現在五十七窟あるが、参観に耐え得るものは二十窟にすぎない。イスラム教の侵入とともに仏像は破壊、壁画もほとんどが剥《は》がされ、特に目からは「邪気が出る」として丹念にえぐられ破壊されたものもある。また、今世紀初頭に外国の探検隊によって持ち去られたものも多くある。

なお、ベゼクリク千仏洞第三八窟には、大きなマニ教の壁画がある。マニ（二一六〜二七七頃）は善悪二元論、禁欲主義的な教えを説いた。マニ教はソグド人によって東に運ばれ、九世紀にはウィグル王国で国教となった。一九〇四から一九〇五年にかけて、ドイツの探検隊はマニ教の寺院から写本や壁画等を発見している。

唐王朝が吐魯番を西州《せいしゅう》と改め、高昌城に西州都督府を設置した後も、高昌は県名として存続し、六四〇年から六五八年までは、西域での最高軍政機関である安西都護府《あんせいとごふ》が置

第一節　吐魯番は民族興亡の歴史舞台

かれた。『元和郡県志《げんなぐんけんし》』や『旧唐書《くとうじょ》』によれば、この時期の高昌国内の五県二十四郷の人口は、約五万人を数えることができる。

なお、吐魯番という地名は、元代より以後の呼び名で、吐魯はウィグル語で「のろし台」、番は「城・住めるところ」の意である。初めは土乱翻《トルファン》と表記していたが、これは「濛々《もうもう》とほこりが立ち上がっているところ」の意で、侮辱《ぶじょく》する表現であったため、しばらくして吐魯番と改称された。現在はウィグル人が吐魯番に住んでいるが、彼らが天山山脈を越えて南下し、本格的に吐魯番に進出し始めたのは、九世紀後半になってからである。

五世紀、吐魯番に居を定めた漢人系高昌人の麹嘉《きくか》（四九八〜五二一）が、地域住民に推されて王となると、華やかな中国風文化が栄えた。この高昌国の貴族の墓をアスターナ古墳と呼ぶ。アスターナとはウィグル語で「憩《いこ》い、安らかな眠り」の意味で、古墳の数は数百に及んでいる。

一九七九年夏、アスターナ古墳を調査した。墓室は高さ三メートル、四方は三・六メートル、夫婦のミイラが手をつないで横たわっていた。当時、夫が死ぬと妻は殺され、一緒に埋葬されることになっていたので、女性の激しい苦悩の表情から推測して殉死《じゅんし》させられたと思われる。墓室には美しい壁画も残されている。乾燥地帯である上に地下室ということもあって、ほとんど変色していない。内容は四聖人図や花鳥風月図など多岐にわたり、素朴な中にも気品をたたえた筆致で、その芸術性の高さには驚いた。

アスターナ古墳出土の高昌国時代の婦人俑（6世紀）

吐魯番が繁栄したのは、仏教の慈悲の思想が民衆の生活の上に反映されていたためである。たとえば、唐の長安《ちょうあん》三年（七〇三）の書写である「董《とう》文《ぶん》徹《てつ》牒《ちょう》文《ぶん》」からは、役人が少しでも農民の負担を軽減させようと、必死になって努力している姿勢がよくうかがえる。

また、多くの人々が吐魯番に集まったのは、ここが豊かな土地であり、経済が安定していたためである。『魏《ぎ》書《しょ》』高昌伝には「気温は高く土地は肥え二毛作である。養蚕や果実の栽培に適し人口も多い。灌漑水路があり蜜も塩もとれブドウ酒を産出する。住民は天神に仕え、大乗仏教を信仰している」とある。

麹氏高昌の時代、出土する古文書より三百余寺の寺院の名称を見ることができる。当時の高昌国の戸数から計算すると、約

第一節　吐魯番は民族興亡の歴史舞台

二十戸で一寺を支えていたことになる。その寺院の中には数多くの僧尼《そうに》がおり、その氏名を調査する時、驚くことに三千名を下らない。住民は約三万人であるから、十人に一人は出家者であった。

高昌国が、于闐《うてん》・亀茲《きじ》と並ぶ西域仏教の一大拠点として、中国への仏教伝来に貢献したことは歴史的事実である。民衆が心を込めて仏法僧に帰依《きえ》するさまは、出土文書の「仏弟子」・「持仏五戒」・「稽首帰命《けいしゅきみょう》、常住三宝《じょうじゅうさんぼう》」等々の仏教用語の多用からも、その一端を確認することができる。

唐の玄奘三蔵《げんじょうさんぞう》はインドに経典を求めに行く途中、このオアシスに立ち寄り、国王の麹文泰《きくぶんたい》から手厚い支援を受けている。またこの時期、仏教が民衆の支持を得て栄えていたようすは、造営されたベゼクリク千仏洞、勝金口《しょうきんこう》石窟、吐峪溝《とよくこう》千仏洞、雅尔《ヤール》湖千仏洞などの壁画や出土文物によって分かる。特に高昌国時代のベゼクリク千仏洞と勝金口石窟からは、仏教美学の粋を見ることができる。

二〇一九年、私は勝金口石窟を調査した。勝金口石窟は、吐魯番の中心部から北東に約四十キロ、木頭河《もくとうが》の東岸にある。南寺と北寺など八カ所の寺院跡があり、地元の伝説によれば、「勝金口」とは「吉祥如意、大吉大利」の意味だという。

十三世紀初めにイスラム教の侵入によって、勝金口石窟は放棄されてしまった。仏教徒はいなくなり、寺院は破壊され、等身大の立像は粉々になって散乱、窟内に入った時にはわずかに仏像の片腕と指が無造作に地面に転がっているだけだった。

車師国の都の交河城は、吐魯番の西方十五キロにある。町は『漢書《かんじょ》』西域伝に「河水《かすい》分流し城下を繞《めぐ》る。故に交河と号す」とある。城門は東と西と南にあり、南門は長年の風化のために朽ち果ててほとんど残っていない。ただ、当時の堅固な土の階段の痕跡《こんせき》が、点々と河床まで下っているのが分かるだけである。東門は幅五メートル余、左右に楼閣があり、その西方の望楼の上部には、門額を取り付けた孔《あな》の跡をはっきりと見ることができる。この門前の道と河床の落差は二十メートルほどで、土を削って造った階段の一部分が残っている。この東門の道とは別に、東壁に一本のまっすぐな階段があり、幅は約九十センチ、長さは十五メートルほどであった。城内には南門から北西に走る大道がほぼまっすぐに約五〇〇メートル続き、広いところの幅は約十メートルもあった。大道を二〇〇メートルほど入ったところで道は二つに分かれており、左道が中心大街である。

城内の建物の分布は大きく四分されており、最北端の墓地群、大道の北はすべて仏教建築で、その突端に大寺院の遺構があり、南北八十八メートル、東西五十九メートルの広さがある。中心の塔柱《とうちゅう》の四面に龕《がん》があり、最盛期には二十五座の仏像が安置してあったことが、わずかに残された光背《こうはい》から確認できる。また、左右の台基の上には小室があり、室前には長廊があったことも解明され、唐代の蓮花紋瓦も発見された。

城内の仏教遺跡は五十一カ所あり、これらは寺院、仏堂、仏壇、仏塔に分類される。交河の西北部の仏塔群に対して、東北部には宿坊が造営され、僧侶や住民の生活用品を売る出店が並んでいたことが、柱基《ちゅうき》と出土品によって判明している。

第一節　吐魯番は民族興亡の歴史舞台

一九九四年六月、新しく北部古墳区より五室からなる地下寺院が発見された。外は銀、中は銅の舎利箱《しゃりばこ》と舎利三個、仏頭、念珠玉約千個、麹氏高昌時代の仏像なども出土している。

雅尔湖千仏洞は、新疆ウィグル自治区吐魯番市西方、約十キロに位置する仏教石窟寺院で、自治区の重点文物保護単位に指定されており、ヤルコという村に位置している。

雅尔とは突厥語《とっけつご》の「崖《がけ》」の意であり、もともと「崖」には「城」の意味が含まれている。交河故城から雅尔湖千仏洞までは、北西に一六五〇メートル離れており、途中の河床の幅は二十メートルから三十メートルほどである。河辺から千仏洞までは八十五メートルあり、地上から洞窟までは十五メートル、丘陵の頂上から洞窟までは四・五メートルであった。雅尔湖千仏洞は七窟あり、その造営期間は四世紀から十一世紀頃までと思われる。

雅尔湖千仏洞の東西の長さは六十五メートルあり、壁画の総面積は約一六〇平方メートルである。窟の前に幅約五メートルの長方形の平台がある。

一番西側、すなわち第一号窟は、雅尔湖千仏洞の中にあって、ただ一つ側室を有する窟である。主室と東西に延びる長方形の側室の奥行きは約五メートル、幅は約三メートル、高さは三メートル余である。

第二号窟は、北東に横たわる長方形の窟で、長さが約五メートル、幅が約三・五メートル、高さが約四メートルあった。窟内に壁画はなく、壁には草泥を塗り付けた後、石灰を塗りいつでも絵が描けるようになっていた。

第三号窟は、長方形の窟で第二号窟とほぼ同じ形状になっていて、長さ五メートル余、幅約四メートル、高さ約四メートルである。窟内に壁画はなく、草泥をもって壁に塗り付けただけとなっている。

第四窟は、雅尓湖千仏洞の中心窟で、左右対称の広大な長方形の窟である。北東の中部に窟戸があり、主室の奥行きは約十八メートル、幅は四メートル余、高さは約四・五メートルある。主室にも後室にも鮮明な色彩の壁画が残存している。この壁画の特色としては、それぞれの説法図の中間に蓮花座に座した仏を描き、周囲に聴聞《ちょうもん》する菩薩や弟子たちの姿を描いていることである。窟門の西側の内壁には六人の比丘《びく》と、長袍《ちょうほう》を身につけた男女供養人像があった。また、正面の壁門の両側には、普賢《ふげん》と文殊《もんじゅ》の二菩薩が描写されている。

後室の正面の主菩薩像は、ただ塑像《そぞう》の一仏の光背のみが残っていた。窟の天井には、蓮花座の上に座っている千仏が描写されており、一仏一仏ごとに漢文の南無照耀仏とか南無妙花如来仏といった榜題が付けられていた。

第五号窟は、長さ約六メートル、幅約三メートル、高さ四メートル余の長方形で、西に偏った窟門を入ったすぐ左側、すなわち東壁の内壁に小龕が鑿《うが》たれている。

門戸の東側壁上には赤色の漢文題記が数行あり、これは当時、この窟が交河城の西の河谷にあったところから、西谷寺と名称がつけられたことを物語っている。

第一節　吐魯番は民族興亡の歴史舞台

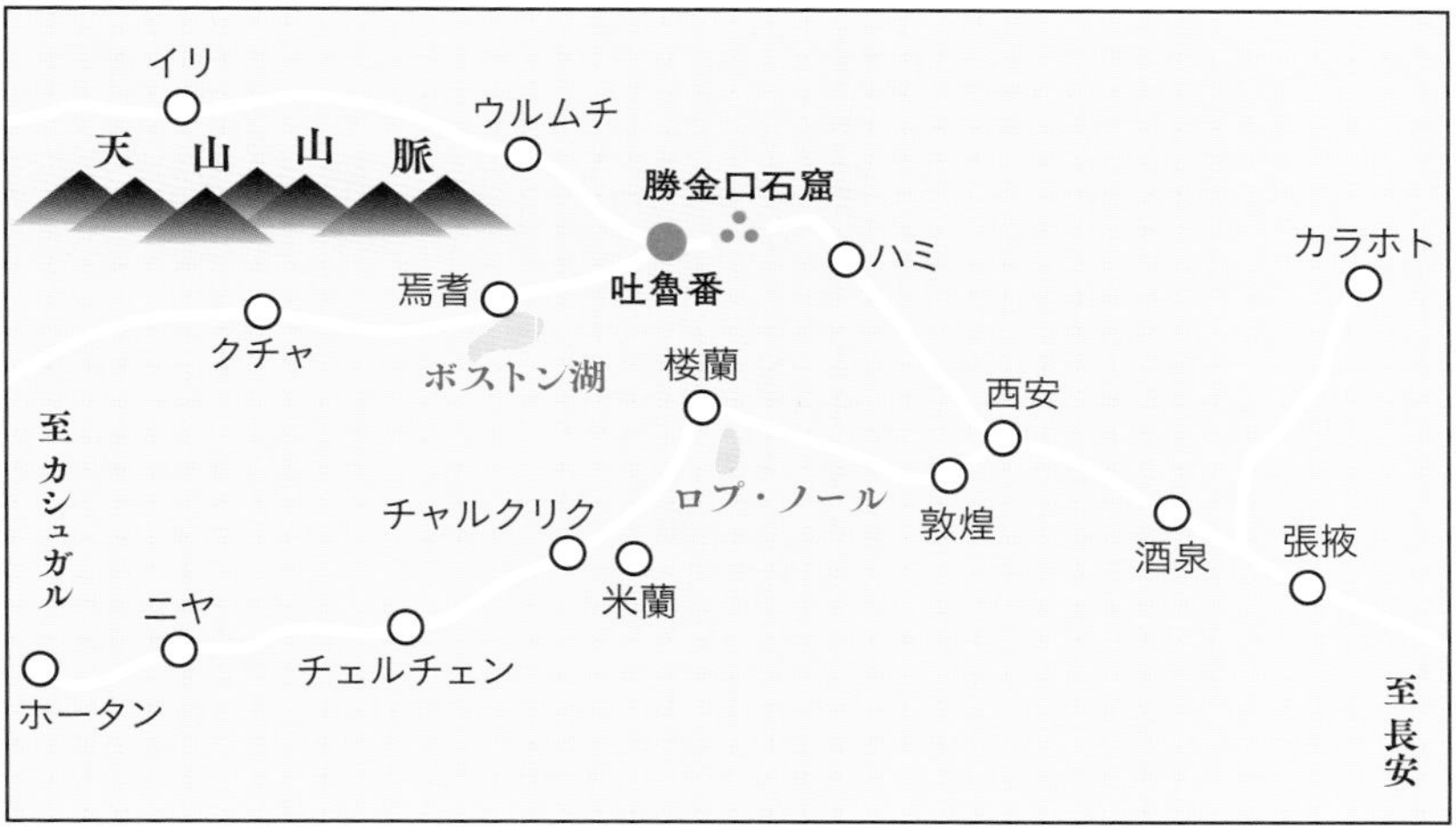

吐魯番と勝金口石窟の位置

吐魯番の高昌国の時期（327～460）に開かれた勝金口石窟

第六号窟は、長さ約五メートル、幅約三メートル、高さ約四メートルの窟である。北壁の窟門は少し西に偏り、東壁の内壁には小龕が彫られている。

第七号窟は、北壁の真ん中に入り口があり、奥の長さが五メートル余、幅が三・四メートル、高さは約四メートルである。窟に塑像はないが四面と門洞と天井に、草泥の上に石灰をなめして仕上げ、そこに仏教壁画を描いている。

雅尔湖千仏洞は、この第一号窟から第七号窟までであり、第四号窟を中心に高度な造営技術を駆使して建立された左右対称の寺院であった。三号窟と五号窟、二号窟と六号窟、さらに小龕の位置までがみごとな対《つい》の思想をもとに設計されているのが特徴である。

ベゼクリク千仏洞は奥深い流沙の中にあり、俗世を忘却させる景勝の地に位置している。雅尔湖千仏洞は、交河城という人間の都を望むことのできる位置にある石窟である。

雅尔湖千仏洞の壁画の中には、中国文化とペルシア文化と天竺《てんじく》文化が、ダイナミックに融合したところの仏教美学が見られる。また、壁画の榜題が、突厥や漢族や回鶻《かいこつ》などの言語で記されていることは、極めて注目に値する。このことは、時の指導者は決して自らの言語の使用を、吐魯番の民に強要したわけではなかったということ、各民族の固有の言語や文化を尊重し、親近性と寛容性に貫かれていたことを示している。

雅尔湖千仏洞が造営された年代は、修行僧の衣食の充足という点から思いを馳せれば、交河城が都市としての機能を果たしている時代に穿《うが》たれたと思われる。それは車師前国の時代で、四四一年に北涼の残党が攻撃してくる以前と考えられる。また、壁画に描か

第一節　吐魯番は民族興亡の歴史舞台

れていた供養人の髪型や服装、題記の言語、またこの近くから出土した経典の書写の年代を考え併せてみると、雅尓湖千仏洞の穿たれた時代は、車師前国の三二七年から四四〇年頃と推断できる。

雅尓湖千仏洞は七窟と少ないものの、一つひとつの洞窟は極めて大きく、しかも、一号窟から七号窟まで、同時に開鑿《かいさく》されている。このことは、相当の権勢を有する支配者でないと、造営は不可能であることを意味している。大量の顔料と画工たち、そして、長期に及ぶ作業員の動員が必要なことなどを考えると、膨大な経済力を必要とする。これは戦乱の時期や、国力の衰退期にできることではなく、車師前国の安定と隆盛期に造営されたと考えられる。

十一世紀前後の高昌回鶻の時代に、朽ち果てた石窟内の絵画の上に白土を塗り、改めて仏教壁画を描いている。たとえば、四号窟を調査してみたが、壁画の下にさらにまた古い時代の壁画があるのを確認した。表層は十一世紀頃のものであった。

十二、三世紀中頃、イスラム教の本格的な西域流入とともに、激しく壁画も塑像も破壊された。窟中の壁画から、清の康熙《こうき》や乾隆《けんりゆう》の年号が散見できるが、これは単なる清朝の国境守備隊の物見遊山の落書きである。ただ、訪問の年号が明記されていることにより、当時の清王朝と吐魯番との政治的な関係を知る上で、貴重な歴史的資料といえる。

ともあれ、雅尓湖千仏洞は、車師人の文化の特色を色濃く残している千仏洞である。使用された群青色の顔料は、アフガニスタンの北部でしか産出しないラピスラズリであ

4世紀に造営された吐魯番の雅尔湖千仏洞

吐魯番の雅尔湖千仏洞の4号窟の壁画

ることから、遥か流沙万里を越えてやってきたソグド人たちを中心とする胡商《こしょう》たちが、この町にまで足を踏み入れていたことが証明される。

第二節

尉《い》頭《とう》国（トムシュク）の歴史を探る

漢代初期の尉頭国の王都は、一世紀に班彪《はんぴゅう》・班固《はんこ》・班昭《はんしょう》等によって著された『漢《かん》書《じょ》』西域伝によれば、天山山脈南麓のトムシュクの尉頭谷にあった。ガンダーラ語、亀《き》茲《じ》語、塞《さい》語が話され、王国は北魏《ほくぎ》王朝の初期まで続いている。

漢の宣帝の神爵《しんしゃく》二年（紀元前六〇）には、吐魯番《トルファン》より西、サマルカンド方面までのオアシスは、みな西域都護《とご》府の管轄下となり、尉頭国の国王も漢王朝の印綬《いんじゅ》を佩《お》びていた。政治は安定し文化は興隆して、住民の生きる喜びが「建武《けんぶ》年間（二五〜五六）より以来、西域は漢の威徳を思い、国内はみな漢の属国になったことを楽しんでいる」と、『漢書』西域伝に記されている。

尉頭国は、西域北道を往来する旅人が、必ず通る中継地に位置していたので、朝貢《ちょうこう》する諸国の官人のほか、多くのソグド（粟特《ぞくとく》）商人が珍貨奇物を持って宿泊し賑わいを見せていた。出土する絢爛《けんらん》たる花紋の絹製品や、彩絵陶器、精美な工芸品などの遺品は、尉頭国の高い文化を今に伝えている。私も二十センチほどの正方形の漢代の織物を発掘した。

尉頭国について、一〇八四年に完成した編年体の史書、宋の司馬光の『資治通鑑《しじつがん》』漢紀や、十九世紀中頃に書かれた清の歴史家、徐松《じょしょう》の『漢書西域伝補注』によれば、その

第二節　尉頭国（トムシュク）の歴史を探る

勢力は、西域三十六カ国中、人口、兵士数とも二十二番目に位置している。すなわち長安から八六五〇里、戸数は三〇〇、人口は二三〇〇、兵士の数は八〇〇である。弱小国ゆえに大国に従属するしか存続を保つ道はなく、そのつど、匈奴《きょうど》、漢、蠕蠕《ぜんぜん》、西突厥《とっけつ》、鉄勒《てつろく》、吐蕃《とばん》、唐などに従属して命脈を保っていた。

唐王朝は貞観《じょうがん》（六二七〜六四九）中、この地を郁頭《いくとう》州（または蔚頭《いとう》州）と改名した。亀茲都督府《ととくふ》に隷属させ、屯田兵《とんでんへい》を置き重要な西域支配の一拠点としたのである。特に、龍朔《りゅうさく》元年（六六一）以後、『旧唐書《くとうじょ》』地理志の西域十六都督州府の条に、「西域府は、州八十・県一百一十・軍府一百二十六を分けて置いた。皆、安西都護府《あんせいとごふ》に所属させた」とあり、唐王朝の威力が西域全土に徹底するようになったのである。

二〇〇五年八月、トムシュクのトクズサライの山頂の調査を行った。まず、十五メートルほど登ったところに黒ずんだ木片や、焼けただれた日干し煉瓦《れんが》が散乱しているのを見つけた。明らかに火災によるものである。イスラム教を信奉するカラハン王朝の東征の折に、この地にあった唐王城が落城しているが、その時の焼き討ちによる残骸と思われる。

王城跡からは、ガラス玉、印章、亀茲文字、回鶻《かいこつ》（ウィグル）文字、漢文文書のほか、開元通宝や五銖銭《ごしゅせん》や馬銭《ばせん》などが大量に出土している。

特に注目しているのは、玉石でできた二センチほどの楕円形の印章である。印章には長いズボンをはき、三段の凹凸のある帽子をかぶった大きな目の人物像が彫られ、ラク

トムシュク山の山頂から眺めたトクズサライ仏教寺院全景

ダを引く紐を手に持ち、ゆったりと歩いている姿が刻まれている。こうした印章はササン朝ペルシアで多く用いられている。刻画の人物像は、服装からいってトルコ中部のアナトリア地方の商人のようである。

　玉石は尉頭国からは産出しない。印章は尉頭国で商売をする他国の商人が、仕事上の文書に押印として使ったり、荷物の輸送の際の封印に用いたものと思われる。まさに尉頭国の国際都市としての繁栄を彷彿とさせるものである。

　唐王城の東方に、後漢から北宋初期まで使用されていたトクズサライ仏教寺院がある。東経七九度一分、北緯三九度五八分、海抜は一〇九八メートルに位置している。

　仏教寺院は南北約二五〇メートル、東西約一五〇メートル、高さ約十二メートルの台地の上に建立《こんりゅう》されている。三世紀から七

第二節　尉頭国（トムシュク）の歴史を探る

古代・尉頭国のトクズサライ仏教寺院跡

トクズサライ仏教寺院の断崖に
浮彫された仏像

世紀中頃には、高台には仏塔が林立《りんりつ》し、宿房は参詣《さんけい》する仏教徒であふれ、仏殿からは読《ど》経《きょう》が止むことがなかった。

山頂から下る途中の断崖に、石仏が五体あるのを見つけた。大岩に仏像を浮彫したもので極めて精巧であったが、一五〇〇年の風雪にさらされかなり摩耗していた。

岸壁に、仏像や経典に説かれている本生譚や、さまざまな物語を絵画化して視覚的に訴えて、仏の偉大さやその教えの深遠さを表現することは、ガンダーラやカシミールで盛行していた。特にインダス川の上流の北岸の町、ギルギットのホドゥルの岩絵は有名である。岩刻は仏の教えを後世に伝えようとしたり、より多くの人に仏の尊さを教化したいと願う仏教徒の情熱の一つの精華といえる。

岩石と対峙して仏像を刻む風習は、パミール高原を越えて、四世紀から五世紀頃にかけて新疆に流伝している。タシュクルガンから疏勒へ、そして東漸し尉頭国で定着したのである。まさに仏教史の変遷からいっても、尉頭国は次のキジル千仏洞や敦煌の莫高窟への先駆けとなった地域であった。

トクズサライ仏教寺院に早くから注目したのが、フランスの探検家ペリオであった。彼は一九〇六年の十月から十二月にかけて寺院跡を調査し、彩色塑像《そぞう》、ブラーフミー文書、漢文文書などを大量に発掘している。

イギリスの探検家スタインも一九〇八年、トクズサライ仏教寺院を発掘し、その成果を『中央アジアの仏教古代後期』に収録している。また、一九一三年にも巴楚《ばそ》から北東

第二節　尉頭国（トムシュク）の歴史を探る

四十八キロのトムシュクに入り、詳細な考古学的調査を実施し、『スタイン、考古と探検』に、出土した吐蕃《とばん》文書《もんじょ》や多くの仏教経典を紹介している。

一九一三年から一九一四年にかけて、ドイツ探検隊のル・コックもこの寺院を調査し、絹織物、ブラーフミー文書、壁画、仏像、サンスクリット経典の写本などを掘り出した。唐王城と寺院区までの約一五〇メートルには、魏《ぎ》・晋《しん》から唐代のものと思われる錦《にしき》、綉《しゅう》、綾《あや》、綢《ちゅう》、絹《きぬ》などの織物が地面に散乱していた。中国の絹が大量に西域に運ばれたことは『中国絲綢《しちゅう》史』に詳しいが、このように、貴重な織物がトクズサライ仏教寺院の境内とその周辺に見られることは、尉頭国がいかに栄えていたかを暗示させるに十分であった。

西域北道は、天山山脈の南麓を東西に走っており、亀茲から疏勒《そろく》までは平行に走る二本のルートがあった。西域南道の砂漠化にともなう衰退とともに、西域北道は日ごとに賑わいを見せ、六朝《りくちょう》から唐代にかけて多くのソグド商人や外国の使節や仏教僧が往来し活気を呈していた。特に安西都護府が亀茲に移ってから、すなわち貞観二十二年（六四八）以後は、ますますシルクロード交易は盛んになり、尉頭国も繁栄期を迎えている。

一九二八年八月、トムシュクの仏教寺院に対して、中国による初めての発掘調査が行われた。黄文弼《こうぶんひつ》らをはじめとする中国・スウェーデン西北科学調査団である。ペリオやスタイン、ル・コックらが発掘済みの地域であったにもかかわらず、ブラーフミー文書、仏頭、亀茲語と漢語が刻印されている銅貨などを掘り出している。

次いで一九五〇年代の終わりに、新疆文化庁と中国科学院考古研究所新疆支局との共同調査グループが、五銖銭の鋳型《いがた》、絹織物、仏頭、トカラ語文書などを発見している。注目したいのは、五銖銭の鋳型である。尉頭国では早くも北朝時代から貨幣を鋳造《ちゅうぞう》し、貨幣経済が確立していた証拠といえる。中国本土でもなかなか貨幣の流通がままならない中、尉頭国では広く民間まで流通していたようである。

尉頭国では塑像を作るのに、型が用いられていたのには驚いた。トムシュクの仏教寺院からは、現在、大型の菩薩像の頭部が四点出土しているが、いずれも同じ型から取られていることが分かっている。

ところで、二〇〇〇年八月、タクラマカン砂漠の中に薪《たきぎ》を拾いに行った地元のウィグル人の農夫は、トムシュク郊外の流沙《りゅうさ》の中から、人間の足が出ていることに気付いた。掘り起こしてみると、少女のミイラであった。農夫にとってはそのミイラが最近のものなのか、古い時代のものなのか分からず、驢馬《ろば》車に積んで家に持ち帰り、小屋の中に寝かせておいた。知り合いの牧人や農夫に、ミイラのことを話しているうちに、いつしか近隣の評判になり、やがてトムシュクの行政政府の知るところとなった。トムシュク市歴史陳列館は二〇〇五年十一月一日に開館するにあたり、展示物の目玉とするべくこのミイラを農夫から買い上げた。

二〇〇五年八月八日、私は新疆文化庁の特別許可を得て、歴史陳列館のオープンの前にこの少女のミイラを調査することができた。ミイラは陳列館の二階の片隅、厳重に南

第二節　尉頭国（トムシュク）の歴史を探る

トクズサライ仏教寺院
出土の唐代の交脚菩薩像

トクズサライ仏教寺院
出土の唐代の塑像

京錠の掛かった六畳ほどの部屋に大切に保管され、蓋《ふた》の無い大型のガラスケースの中の、紫色の布の上に横たわっていた。

思えば、一九七九年から今日まで、新疆ウィグル自治区の多くのオアシスを訪ねた。その折、各地の博物館や文物保護所や陳列館に展示されているミイラを、三十体以上参観してきた。有名な楼蘭《ろうらん》の美女もウルムチの新疆ウィグル自治区博物館で見たが、尉頭国の少女のミイラは、どの地域のミイラよりもよく保存されていると感じた。

ミイラは身長百四十五センチ、陳列館の研究員が放射性炭素年代測定によって調べたところ、約一二〇〇年前に死亡したものとのことであった。また、年齢は十五、六歳、この地方一帯に住んでいた塞族《さいぞく》の少女であると述べていた。

少女は首からの多量の出血のため、体内の水分がまったく無くなり、腹部は内臓を抜いたように大きく陥没している。胸の下あたりまでもある長い髪は、黒と茶の中間色で、僅《わず》かにカールしている。歯は比較的小さく、上下がよく交合《こうごう》、眉毛も残っている。鼻は細長くて少し高く、下顎骨は先端が細い。額《ひたい》は狭く、眉毛と目の間隔が極めて幅広い。胸骨の張りが異常に大きく肩も張っている。手の指は長く滑らかで、爪も細く形もよく整っており、上流社会の少女で力仕事をしていないことが分かる。地中から発見された時、美しい平織りの黄色のシルクに包《くる》まっていたという。

少女は、首の左が五、六センチ切断されていた。左首の筋肉をかき切られたことにより、死後、硬直が起こるさいに、右首の筋肉の収縮が優先されたため、右肩の張りは極めて大きい。切り口の角度、深さ、幅などから見て、凶器はナイフではなく、草刈り鎌のようなものを首に当て、引き下ろすように切られたものと推察される。

家族は殺された娘を洗い、絹の衣装を着せてタクラマカン砂漠の中に埋葬したのであろう。しかし、一二〇〇年間もの長い歳月、天山山脈から吹き荒れる砂嵐や竜巻、そして風食によって、地下約一メートル半に眠っていた少女は、地表に露出したのである。

第二節　尉頭国（トムシュク）の歴史を探る

トムシュクの北東七十五キロの砂漠の中に、巨大な城跡がある。尉頭国の支城の一つ、チラン故城で、故城は二一〇〇年ほど前、前漢時代に築かれた。

城は東西約一・五キロ、南北約二キロ、北西の望楼の高さは十二メートル、一辺が十二メートル余であった。正方形の仏教寺院もあり、中に仏龕《ぶつがん》（仏像を安置するための洞窟）が八つ確認できた。しかし、仏像も壁画も破壊されて今は何も残っていない。インド風の高さ七メートル余の、屋根の丸い寺門が残存していたが崩壊寸前であった。

東インドで発生した仏教は、やがてガンダーラ地方に流布し、その後、西北インド・カシミールに伝わった。一世紀中頃に海抜六〇〇〇メートルのパミール高原を越えて新疆に流伝している。

尉頭国へは二世紀前後に伝来、仏教はそこからさらに東に伝わり、亀茲まで来ると、今度は中国文化の強い影響を受ける。仏教東漸《とうぜん》史の上から見れば、尉頭国はインド文化圏と中国文化圏を接続させた重要な地域である。仏教が、インドの民族宗教から世界宗教へと飛翔する舞台となったオアシスといえる。仏教が世界的普遍思想へと脱皮した拠

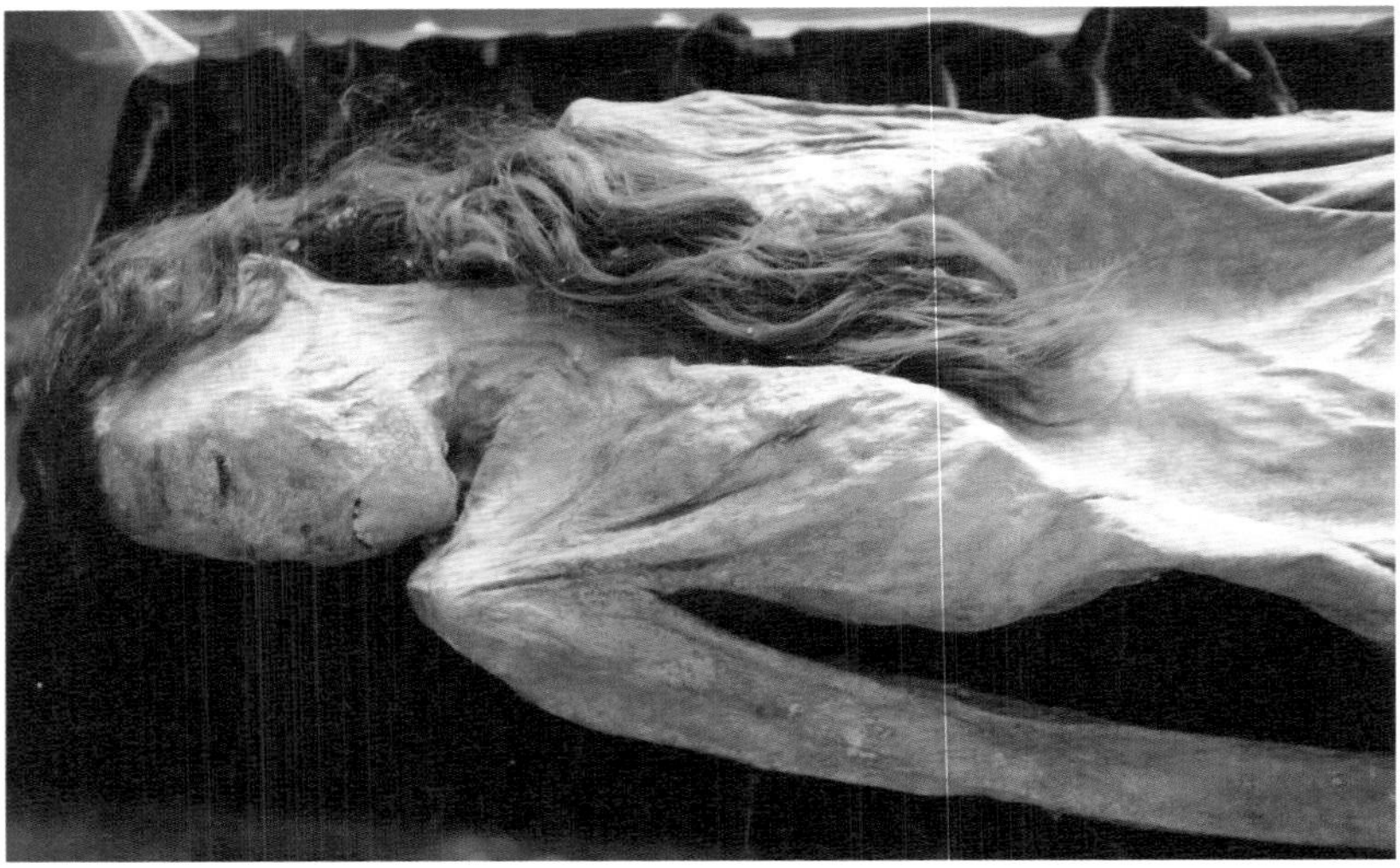

尉頭国の1200年前の少女のミイラ。トムシュクの南方7キロのタクラマカン砂漠から出土

トムシュクの東にあるチラン故城

第二節　尉頭国（トムシュク）の歴史を探る

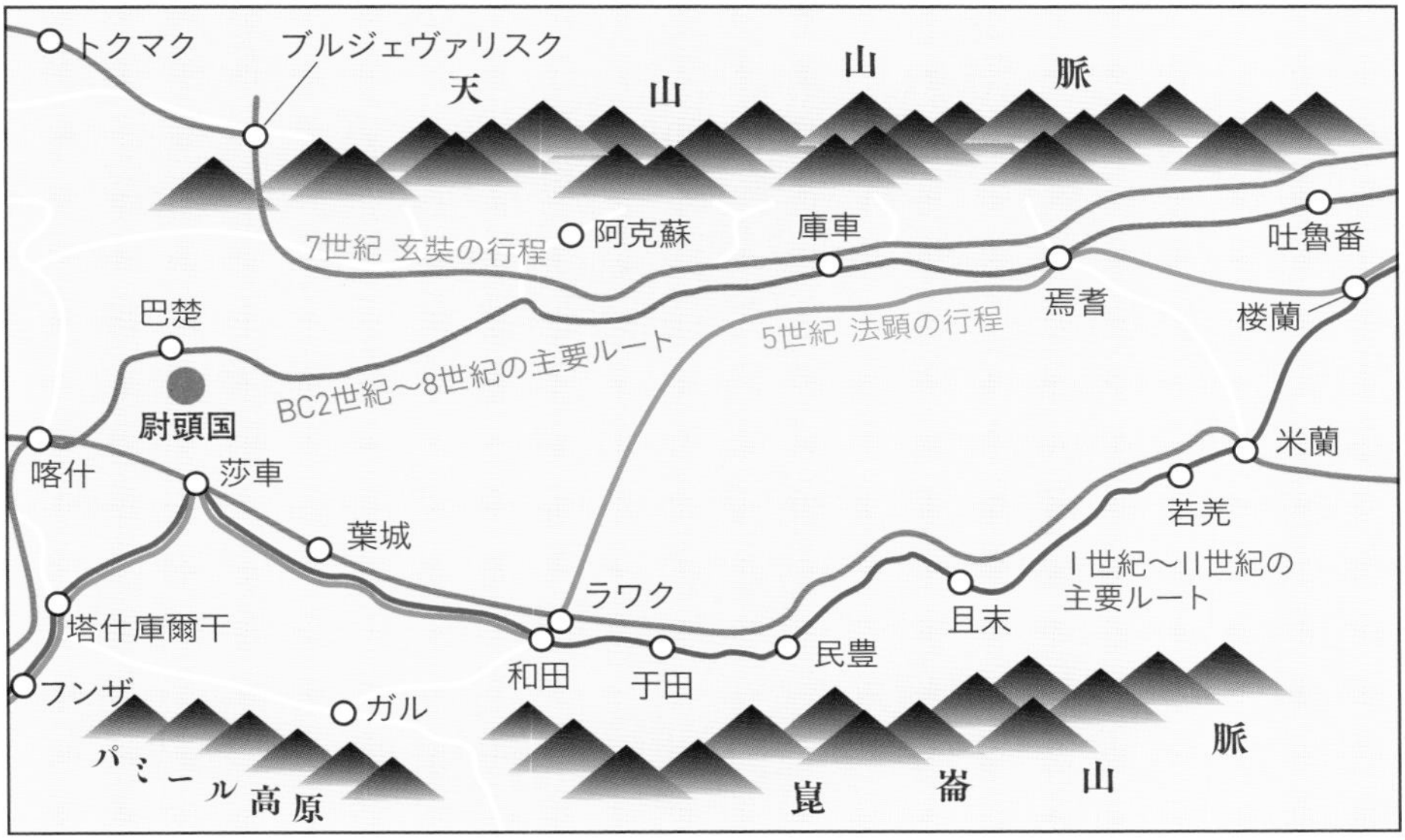

新疆ウィグル自治区における
尉頭国の位置

点である。トクズサライの踏査は、私の人生にとってシルクロードに悠久の夢とロマンを与えてくれた。

東海の島国の日本国に生まれながらも、流沙の彼方の桃源郷《とうげんきょう》ともいうべきトクズサライ仏教寺院や、チラン故城に足を踏み入れることができたことは、望外の喜びである。今、再びの人生があるならば、私は同じ〝シルクロード〟の道を歩みたいと願っている。

第三節

北《ほく》庭《てい》故城と北庭高《こう》昌《しょう》回《かい》鶻《こつ》仏寺の魅力

中国新疆《しんきょう》ウィグル自治区の吉木薩爾《ジムサル》県文物管理局の案内で、二〇〇一年三月、二〇〇二年八月、二〇〇三年九月、二〇一九年四月の計四回、北庭故城と北庭高昌回鶻仏寺を調査した。

新疆の区都、烏魯木斉《ウルムチ》から北東に向かって、約一二〇キロ、その後、北に向かい十二キロで北庭故城に到着する。

この地の歴史は古く、今から二二〇〇年前、前漢の時代より始まる。初めは遊牧国家の烏孫《うそん》の支配地域であったが、紀元前六〇年頃に車師後部《しゃしこうぶ》の王庭の所在地となった。この地の自然条件はすばらしく、土地も肥えていて水も豊富である。軍事上も東部天山山脈の中腹に位置して、ステップ路（草原の道）とオアシス路（砂漠の道）の双方を俯瞰《ふかん》できる交通上の重要な場所にある。

近年、城内から貴重な文物が出土している。主たるものとしては、金満県残碑、唐代のライオン像、刻花石球、銅鏡、蒲類《ほるい》州の印、蓮花紋の瓦、唐の貨幣の開元通宝、元代の陶器などである。

唐の杜佑《とゆう》が著した『通典《つてん》』巻一七四や、同じく唐代の地理書、『元和郡県志《げんなぐんけんし》』巻四〇には、北庭城の盛衰が書かれている。

第三節　北庭故城と北庭高昌回鶻仏寺の魅力

城内に住む漢人は、唐の高宗の時代、龍朔《りゅうさく》（六六一〜六六三）年間以後、本土から流れ移ってきた人たちである。唐は長安《ちょうあん》二年（七〇二）、古代の辺境統治機関である都《と》護府《ごふ》を北庭城に置き、近郊の地を支配した。

北庭城はほぼ長方形をなしており、南北の長さは約一・五キロ、東西の長さは約一キロ、城は内外二城に分かれている。外城の周囲は約四・六キロ、内城の周囲は約三キロで、南と北と西の城壁を確認することができる。

唐は北庭城に、精鋭一万二千もの軍を配置し、北の一大要塞として西域安定のため八十八年もの長い間駐留し続けた。

唐の詩人で、実際に北庭城に二年間住んだことのある岑参《しんじん》は、北庭城を詠んだ多くの作品を残している。その中に「城内に丘をつくり、人工の池もある」という内容の詩があるが、実際に北庭城内で池の痕跡を見つけた。また、四場湖を源流とする北庭川は『使高昌記』に「長江数千里」と記されているように、長大な川である。唐代には、北庭城内にその支流を引いていた。内城と外城に幅約二・五メートルの河川の跡も発見した。城内は官人街と一般市民街に分かれ、陶器を焼く黒ずんだ窯の跡もはっきりと確認することができた。

唐朝二代皇帝・太宗《たいそう》は貞観《じょうがん》十四年（六四〇）、遠征軍を西域に派遣し、トルファン盆地を支配して高昌国を制圧した。また六世紀頃から中央アジアで遊牧生活をしていた突《とつ》厥《けつ》部族も降服させた。そして、北庭に中央機関の庭州府を設置して、金満、輪台、蒲類、

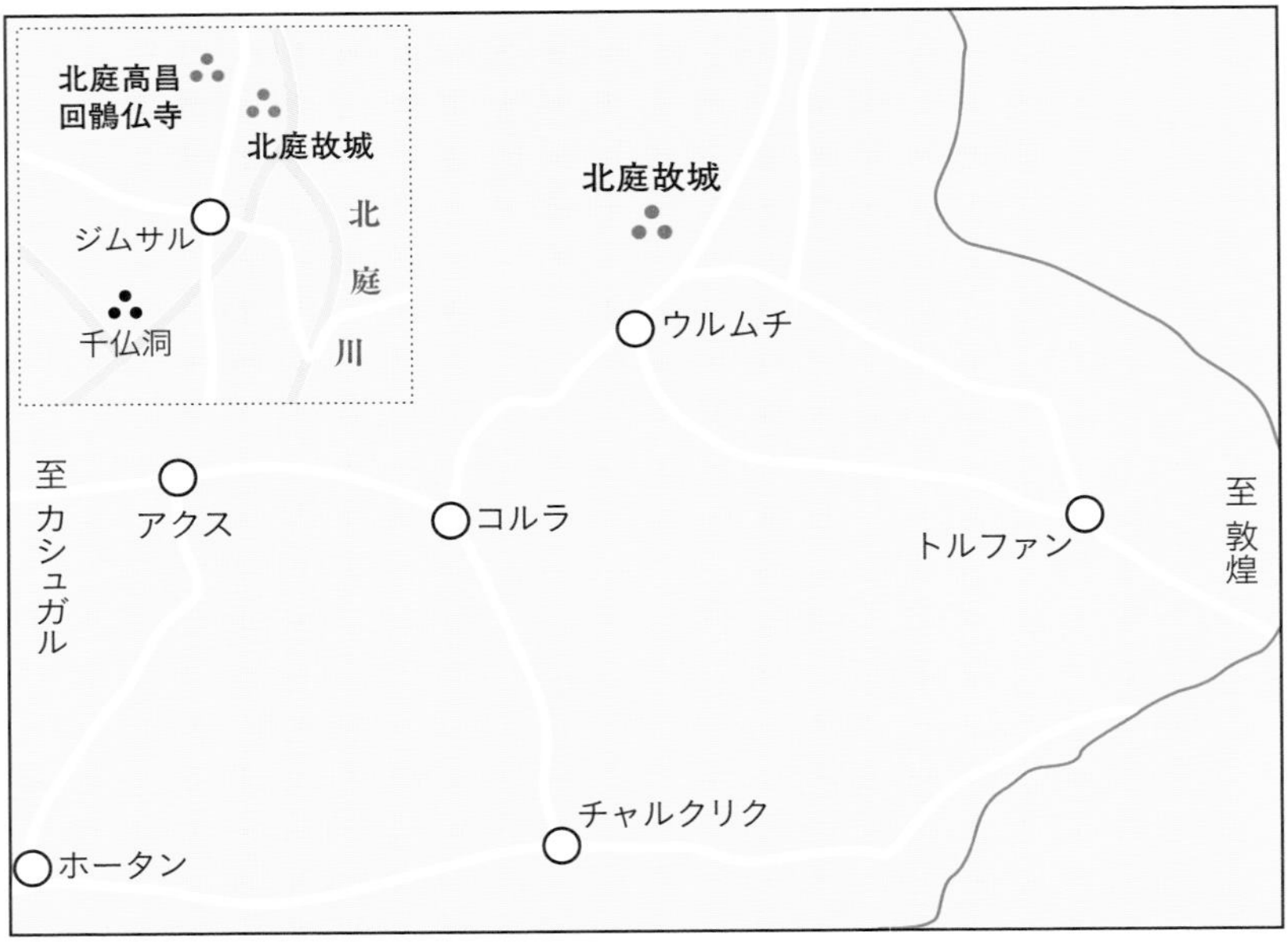

新疆ウィグル自治区の東部概略図と北庭故城・北庭高昌回鶻仏寺の位置

西海の四県をその管理下においた。

唐は開成《かいせい》五年（八四〇）、北庭城内の一部に回鶻《かいこつ》（ウィグル）人の居住を認めた。この部族はのちの、唐の咸通《かんつう》七年（八六八）、トルファン盆地に南下して高昌回鶻王国を樹立する。しかし、南宋の開禧《かいき》二年（一二〇六）、蒙古のチンギス・ハン（成吉思汗）の攻撃を受け庭州は落城、その後は蒙古軍の地方長官が駐留する基地となり、別失八《ビシュバ》里《リク》と呼ばれるようになった。

明王朝が中国を統一すると、北庭では蒙古の察合台《チャガタイ》の後裔《こうえい》が中心になって活動し、永楽《えいらく》十年（一四一二）に別失八里国が建てられた。しかし、戦争や闘争はやむことなく、とうとう北庭城はすべて炎上、庭州は完全に流沙《りゅうさ》の中に埋没し、住民は四散して歴史から消滅していった。今日では辺境の一寒村として、ウィグル族が十数戸住んで

第三節　北庭故城と北庭高昌回鶻仏寺の魅力

北庭故城の城内に流れる北庭川の支流

ジムサルの北庭故城の城壁は延々と続いていた

いるだけの牧歌的な農村となっている。

北庭城は東洋と西洋の文化交流のステップ路の要衝《ようしょう》にあったことから、天山東麓の一大仏教拠点となった。武周朝を建てた中国史上、唯一の女帝の武則天《ぶそくてん》（則天武后）が統治する長安二年（七〇二）、北庭大都護府が置かれた前後に、北庭の管轄内に大寺院が次々と建立《こんりゅう》された。

高台寺、応運大寧寺、龍興寺、游仏寺、北庭高昌回鶻仏寺には、仏像がいたるところに安置され、美しい仏教壁画が天井を埋め尽くしていた。文字が読めない西域の民に、仏の偉大さを教示しようとして、絵画的な手法がとられた。すなわち、視覚的世界を刺激して、その宗教的真実や正義を理解させようとしたのである。

北庭城の西方約七五〇メートルに位置する北庭高昌回鶻仏寺は、その規模の大きいことから西大寺《さいだいじ》とも呼ばれていた。寺の南北は七十一メートル、東西は四十四メートルである。地下にも仏教施設があり、地面以下は堅木の土台で支え、地上は泥の煉瓦《れんが》で建てられている。壁中のところどころに胡楊《こよう》を入れてあるが、その理由は寺院の屋根をしっかりと固定するためである。また、寺院には山門、正殿、配殿、寝殿、倉庫、庭院、僧房などが配置されていた。正殿の上部はすでに壊れているが、残存する部分の高さは十四・五メートル、中に大型泥塑《でいそ》の涅槃仏《ねはんぶつ》がある。

寺院の壁画の画材の成分を分析したところ、青色の部分はラピスラズリを使用しており、アフガニスタン北部のバダフシャーン地方の産出の顔料であることが分かった。

第三節　北庭故城と北庭高昌回鶻仏寺の魅力

ラピスラズリを使用しているというこの事実は、ウズベキスタンのソグド人をはじめとした商人たちの交易活動が盛んで、アフガニスタンから疏勒《そろく》国へ、そして天山南路の亀茲《きじ》国を経て、北庭城までの商業ルートが存在していたことを証明している。

「ラピス」はラテン語で「石」、「ラズリ」はペルシア語で「青」の意である。ナトリウムやカルシウムを含むケイ酸塩鉱物で、日本では産出していない。アフガニスタン産が有名で、エジプト王のツタンカーメンの黄金マスクや、紀元前のメソポタミア文明の装身具の装飾などにも使われた。日本では、瑠璃《るり》と呼ばれ、仏教の七宝《しっぽう》の一つともなっている。

奈良県の高松塚古墳の壁画の群青色について、東京文化財研究所が調査したところ、飛鳥美人のスカートなどの青い部分の彩色にラピスラズリが使用されている可能性が指摘された。さらに、アフガニスタンからラピスラズリの原石を取り寄せて色合いなどを比較したところ、アフガニスタン産の可能性が高いと判断されている。

開成五年（八四〇）、鄂爾渾《オルホン》河流域に住んでいた回鶻の汗国は、黠戛斯《キルギス》の攻撃を受けたため汗王が殺されてしまった。部族は西方に移動し、北庭に住んで遊牧をしていた。

回鶻の部族の人々は、当初はマニ教を信仰していたが、トルファンにおける仏教興隆の影響を受け、改宗して仏教を信仰するようになった。北庭高昌回鶻仏寺の壁画には、回鶻の国王、公主、長吏の娘などが、仏に供養するさまを描いた作品を見ることができる。

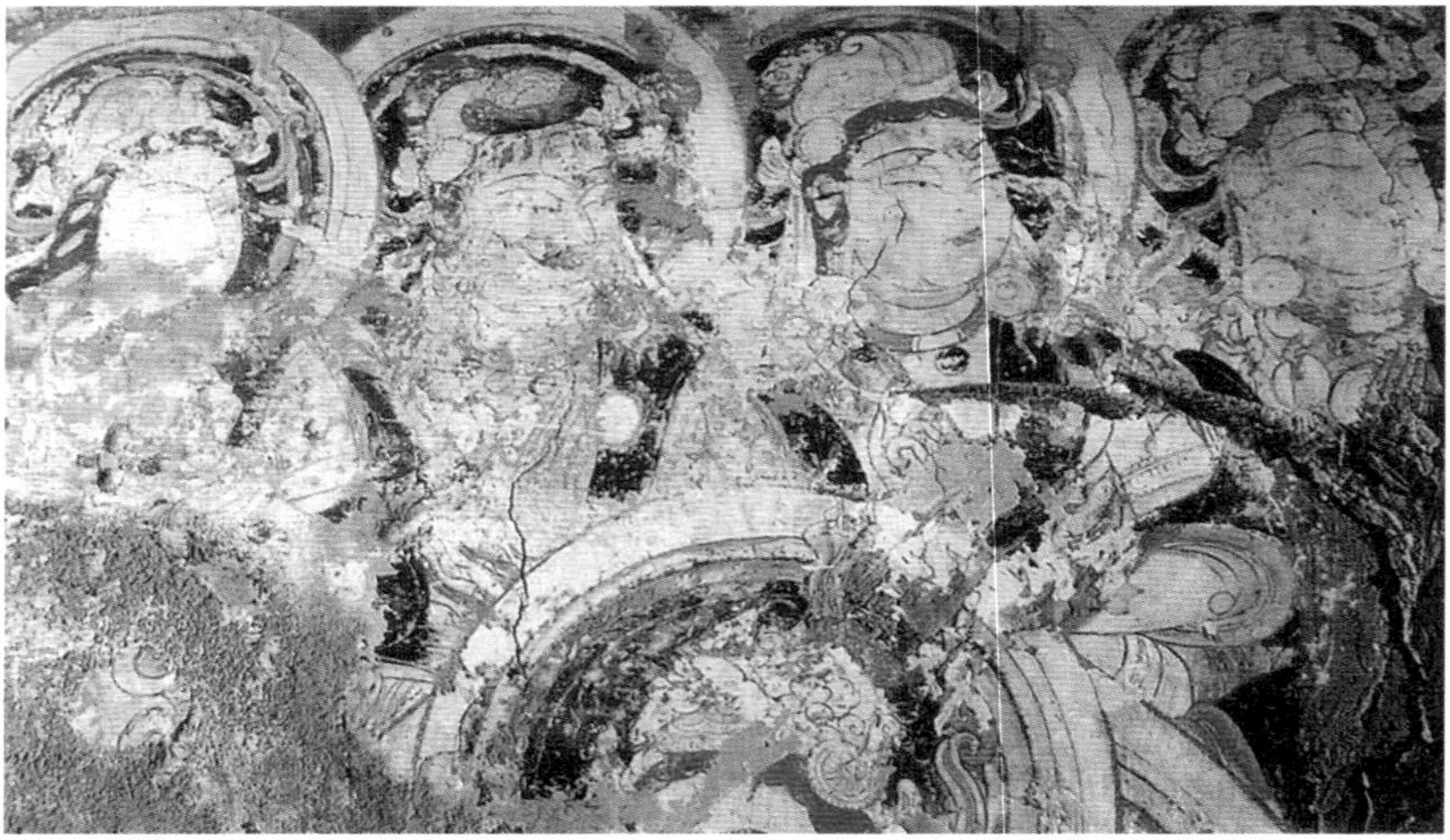

北庭高昌回鶻仏寺の菩薩の壁画

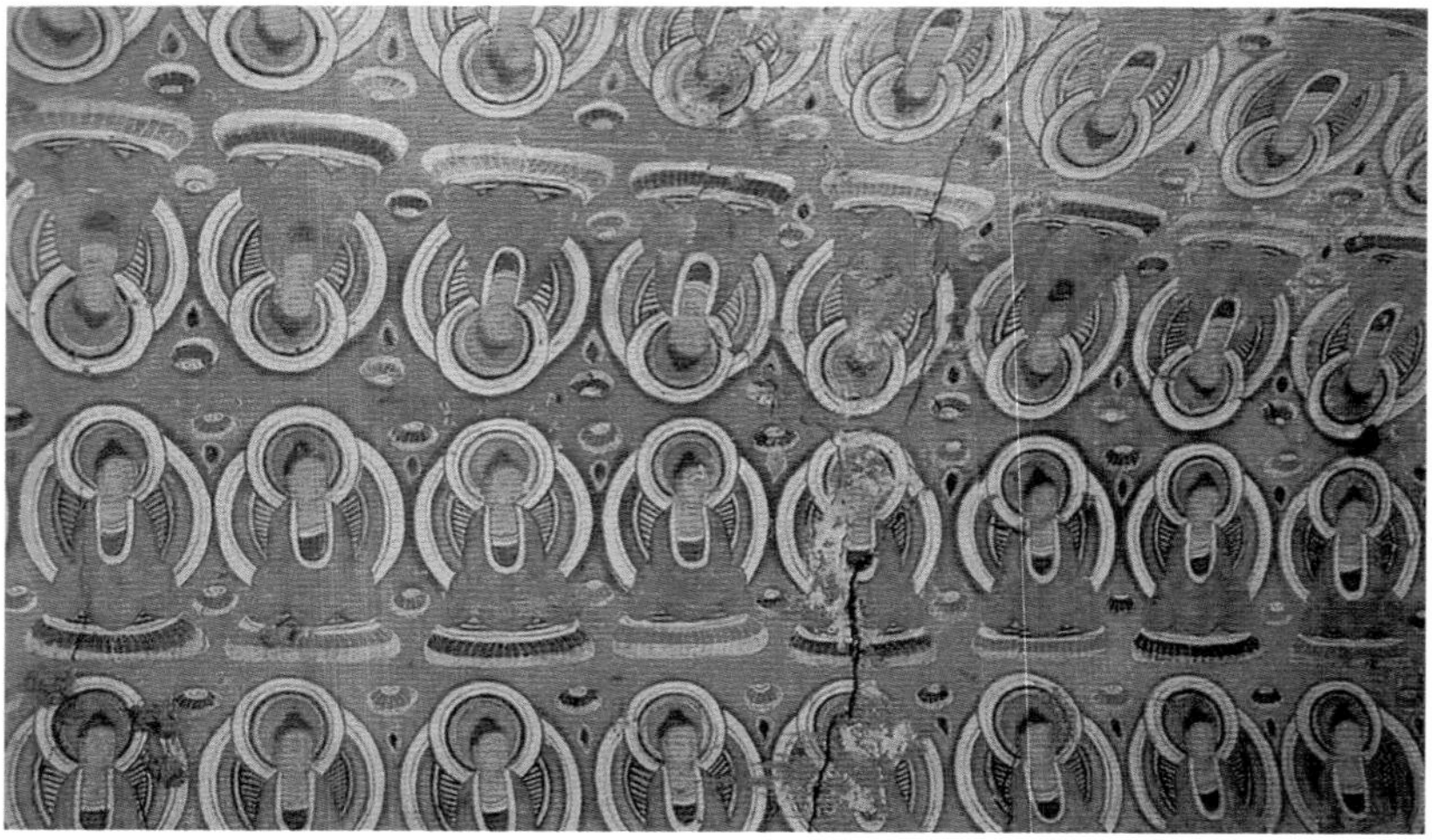

北庭高昌回鶻仏寺の千仏の壁画

第三節　北庭故城と北庭高昌回鶻仏寺の魅力

北庭高昌回鶻仏寺の千仏の壁画

北庭高昌回鶻仏寺の
交脚菩薩像

一二八五年の海都《カイドゥ》や都哇《ドゥア》との戦いで北庭城は陥落し、王族のほとんどが戦死した。以後、北庭高昌回鶻仏寺には訪れる人もいなくなり、廃寺となってしまったのである。

ところで、私は北庭高昌回鶻仏寺の正殿上部の東側で、間口約二メートル、奥行き約五メートルの窟の基壇より、陰刻文を施した交脚菩薩像が残存していることに注目した。首や手は破壊され、麻布と漆木屑だけでなく、無残にも心木までが見えているが、幸いにも身体はまだ往時の姿を留めていた。

塑像の下の須弥座《しゅみざ》の敷物の造形は個性的であり、その装飾技法は精工を極めている。塑像の高さはほぼ等身大で、大腿部の襞《ひだ》の陰刻文や、足部の飾衣の曲線の盛り上がり方など緻密《ちみつ》である。

美しい外形服飾などの特色から、九世紀から十世紀の作と考えられ、衣紋線に見られる高雅な様式は、長江流域に都を置いた六つの王朝、すなわち六朝《りくちょう》の余風も垣間見ることができた。また、両壁には赤鉄鉱を素材とした土紅色を中心に、千仏が規則的に描かれ、蓮弁や光背《こうはい》の色彩は、チベットのアルチ寺やトンガ遺跡第一窟の仏菩薩に類似していた。

思えば、北庭で交脚菩薩像を参観できたことは、大きな収穫であった。脚をＸ字状に組む胡坐《こざ》の風習は、西域の遊牧民族の生活様式を取り入れたものと考えられる。椅子に座って踝《くるぶし》を交差する姿勢は、北方遊牧民族の王侯貴族の座り方に類似しており、その風習は遠くイラン地域にまで及んでいる。

第三節　北庭故城と北庭高昌回鶻仏寺の魅力

そもそも仏を祈念する時の座し方は、仏教の本義に違《たが》わない限り、時代の変化や各地域の風俗や習慣に随《したが》ってもよいという、仏教で説く「随《ずい》方《ほう》随《ずい》時《じ》毘《び》尼《に》」の考え方によるものである。すなわち、仏教を宣揚するためには、本質を違えない限り、その地方の習慣を用いてもよいという考えである。交脚の仏像が日本に伝わらなかった理由は、腰を掛けて交脚する姿勢は、あまりにも不安定で、安定や静寂を好む日本人の精神風土にそぐわなかったからだと思われる。

二〇一四年に世界文化遺産となった北庭故城は、今後、世界の注目を集めるだろう。だが、北庭高昌回鶻仏寺はあまりにも貴重であるため、現在一般には公開されていない。

第四節

悠久の楼《ろう》蘭《らん》王国に立つ

中国側の古い記録、東晋《とうしん》の道安による『釈氏西域記《しゃくしせいいきき》』では、葱嶺《そうれい》（パミール）から流れる河川とホータン川が合流してタリム川となって、ロプ・ノールに注《そそ》いでいるとある。ロプ・ノールは牢蘭海《ろうらんかい》、蒲昌海《ほしょうかい》、塩澤《えんたく》とも表記される湖で、広さは東西南北三〇〇里もあったという。湖水は龍城より地下に伏流水となって東流し、青海省の星宿海《せいしゅくかい》で地上に出て黄河の水源になっていると信じられてきた。

ロプ・ノールは、四世紀頃までは、満々と水をたたえた湖だった。楼蘭城出土文書の「此《ここ》を去ること百余里、岸に水流れ草木こもごも集まる」・「水大波《たいは》にして深きゆえ、必ず泛《う》かぶ」等の記述によっても水量の豊かさを知ることができる。そのほか、ロプ・ノールについての記録の主たるものを紹介する。

（イ）『山海経《せんがいきょう》』巻二、「東の方にある泑澤《ようたく》を望むと、河の水は大小幾重にも流れ注いでいる」

（ロ）『史記《しき》』巻一二三、「其の水は東に流れ、塩澤に注いでいる」

（ハ）『漢書《かんじょ》』巻九六、「東の方にある蒲昌海に注いでいる。蒲昌海は別名、塩澤という」

第四節　悠久の楼蘭王国に立つ

楼蘭の中央官庁の一部と思われる三間房、右は仏塔

楼蘭は風化土堆群（ヤルダン）の中にあった

（ニ）『水経注《すいけいちゅう》』巻二、「河水はまた東に流れ、泑澤に注いでいる」

（ホ）『括地志《かつちし》』巻四、「蒲昌海はまた泑澤とも塩澤ともいう。またの名を輔日《ほじつ》海《かい》とも牢蘭とも臨海《りんかい》ともいう」

ロプ・ノールから西岸へ二十八キロ進んだところには楼蘭城（クロライナ）があった。東経八九度五五分二二秒、北緯四〇度二九分五五秒に位置し、今日の行政区画では、新《しん》疆《きょう》ウィグル自治区巴音郭楞《バヤンゴル》蒙古自治省若羌《チャルクリク》県にある。

楼蘭城の四方は城壁で囲まれ、東の城壁の長さは約三三四メートル、南の城壁の長さは約三二九メートルである。西と北の城壁の長さはともに約三二七メートルであった。築城方法は敦煌《とんこう》付近にある漢の長城と同じである。城門は南・西・北にあり、東の城門は確認できない。

二世紀から四世紀頃には、常時約一万七千人が住んでいたという。城内には大きな灌《かん》漑《がい》用の用水路が一本引かれており、住民はこれを利用して生活用水を取っていた。城外には、南に三本、北に一本の河川の跡があり、北方五・六キロには孔雀河の河床跡を見ることができる。

城内にある最も高い建物は仏塔で、十・四メートルある。この仏塔の基礎の部分は正方形で、一辺の長さは十九・五メートルもある。塔は円形でインド形式、南には仏殿が置かれていた。

第四節　悠久の楼蘭王国に立つ

楼蘭城の中心にあるのが、煉瓦《れんが》で造られた三間房《さんげんぼう》である。建物には五つ部屋が並んでいるが、真ん中に南向きの三つの部屋がある。東西は十三メートル、南北は九メートルもある。家屋の基礎に長さ六メートルの赤い漆塗りの木材が埋められ、中央官庁であった可能性が高い。

城内の南と西は住宅地区になっていて、壁は葦《あし》と柳の枝を並べ、草の紐《ひも》で縛《しば》ってある。この町の名が、初めて中国の史書に見られるのは『史記』巻一一〇、匈奴《きょうど》列伝、紀元前一七六年の項、匈奴王が漢の文帝にあてた手紙の中である。すなわち「軍官兵卒はすぐれ、戦馬は力強く、われわれは月氏を滅し、その民を斬り降伏させ、楼蘭・烏孫《うそん》・呼《こ》掲《けい》およびその近隣の三十六国を平定し、すべて匈奴の領土とした」の一節によってである。

前漢の外交官、張騫《ちょうけん》が武帝に奉った報告書にも、流沙《りゅうさ》とヤルダンの彼方に、楼蘭という多様性を持った都市があることを記している。漢代の楼蘭の規模は「戸数一五七〇、人口一万四一〇〇、兵士二九一二」(『漢書《かんじょ》』巻九六上、西域伝)とある。ホータンの玉《ぎょく》が中国に伝わる中継地であったことから、「玉を出《いだ》す」と記され、葭葦《かい》、檉柳《タマリスク》、胡楊《こよう》、白草が繁茂し、驢馬《ろば》もラクダも羊も多く生育していた。

楼蘭は、その地理的重要性から中国本土の王朝、すなわち中原《ちゆうげん》王朝の支配下に置かれたり、匈奴の属国となったりしていた。たとえば、元封《げんぽう》二年(紀元前一〇九)、前漢の従驃侯《じゅうひょうこう》、趙破奴《ちょうはど》は七百余の軽騎兵で楼蘭を攻略、国王を捕虜としている。さらに、元《げん》鳳《ぼう》四年（紀元前七七）には、楼蘭王安帰《あんき》が傅介子《ふかいし》に殺され、その生首の長安への伝送を、木簡は生々しく記している。その後、親漢派の尉屠耆《いとき》を王に立て、国名も鄯善《ぜんぜん》と改め漢帝国の傀儡《かいらい》王国とした。

しかし、中原の混乱により漢の勢力が去ったあとは、タリム盆地のほぼ中央に位置していることもあり、『後漢書』西域伝に、「商胡《しょうこ》販客は日々塞下《さいか》にいたる」とあるように、自由貿易都市として隆盛していった。

遠く大月氏《だいげっし》国からもたびたび使者がやってきた。その顔色や容姿に楼蘭人が驚嘆しているさまを、「三十人の使者の中には、顔の色が黒くて目が大きくヒゲを伸ばしている」・「五十六名の従者の中にはヒゲをはやし、頭に白い布を巻いている者もいる」と、楼蘭城内から出土した木簡は記している。

楼蘭城を出発して南の米蘭《ミーラン》へ、そして西行し、点在する西域南道のオアシスを経て大月氏へと文化の道は続く。楼蘭の支配地域である精絶《せいぜつ》国（ニヤ）までの東西約九〇〇キロの道沿いには、駅を設置し旅人の便利をはかっていた。今でも王の命令や通達、楼蘭城から支配地域への伝令、土地契約書、私用の手紙、売買契約書などが出土している。

私は楼蘭郊外を調査している時、敦煌と楼蘭の間に、日本でいう一里塚のような役目をした胡楊の大木が、盛り土の上にほぼ等間隔に植えられているのに気付いた。流沙のため道は無いが、旅人の便利をはかった道標としての胡楊の点在が散見できた。

楼蘭王は于闐《うてん》王と共にたびたび漢土に入貢している。その結果、ロプ・ノールの西北

第四節　悠久の楼蘭王国に立つ

楼蘭城の住居跡に残る1700年前の柱

岸に位置する首都楼蘭城には、中国色の濃い文化が誕生し、高度な文明が開化した。

楼蘭城の円蓋《えんがい》の下には趺坐《ふざ》した四体の仏像が彫られており、板の文様はペルシア風である。一仏一仏にガンダーラの仏教美術が色濃く影響しており、その芸術性の高さから、時空を超えた彫刻師の信仰の深さを知ることができる。また、柱はギリシアやローマの建築様式を受け継ぎ、ポプラ材などの木彫りの三叉《さんさ》を手にして、玉座の前で結跏《けっか》趺坐する人物の姿は、莫高窟二七五窟の菩薩像と類似している。

出土品は木櫛（木梳）・イヤリング・指輪・ペンダント・ネックレス・絹製品・陶器・石磨盤・石矛・皮革製品・刀形骨器・漆杯・銅鏡などのほかに、ペルシアやローマからもたらされたガラスの杯や皿・化粧箱・人頭を彫刻した椅子・子安貝・サンゴなど多岐に及ぶ。前漢や後漢の五銖銭《ごしゅせん》のほかに、王莽《おうもう》の治世の貨幣、騎馬やラクダの図案を描いたクシャン朝のコインも発見されている。現地で鋳造《ちゅうぞう》された五銖銭も出土しており、この地においては物々交換の交易だけでなく、早くも三世紀初め頃から貨幣が流通していたことを示している。

ところで、楼蘭出土文書には年月日の記述が見られる。それによると一番多い年号は、西晋《せいしん》の司馬炎の年号である泰始《たいし》（二六五〜二七四）の三十四回、次いで魏《ぎ》の咸熙《かんき》（二六四）の八回、西晋の永嘉《えいか》（三〇七〜三一二）の三回となっている。その紀年範囲で、一番古いのは魏の曹芳《そうほう》の嘉平《かへい》四年（二五二）、一番新しいのは前涼《ぜんりょう》の建興《けんこう》十八年（三三〇）である。これによって楼蘭が最も繁栄を極めたのは、三世紀中頃から四世紀初めであることが分かる。

楼蘭王国が滅亡の兆しを見せ始めたのは、四世紀中頃のことである。人口の増加にともなって食糧不足になった。そのため住民は土地を大切にするという農業習慣を破って、二毛作を行うようになった。しかし、灌漑《かんがい》によって土地に塩分が集積し、農業の生産可能なわずかばかりの土壌をも荒廃させてしまった。さらに、汚水処理も思うようにならなくなった。

住民は数多くの羊やヤギを飼い、草を根こそぎ食べさせてしまった。冬の寒さに耐えるのではなく、暖をとるため大切な樹木までも伐採し、王国の未来の繁栄や子孫の存続を願うこともほとんどなくなった。目先の欲望にのみ心をとらわれ、自分たちさえ幸せ

第四節　悠久の楼蘭王国に立つ

な生活をすればよいと考えるようになり、限りある自然をも破壊してしまったのである。まさに楼蘭王国の滅亡の最大の要因は、外部からの攻撃ではなく、欲望の論理に支配された住民の精神の荒廃にあったと考えられる。

折りしも、四世紀末から気候の変化によりロプ・ノールが枯渇《こかつ》し始めた。湖に注ぎ込んでいた孔雀河の流れが変化し、しだいに湖に到達しなくなった。

荒廃し始めた楼蘭城から民衆は各地に流出し、王都は放棄されてしまった。五世紀初めには都が南方の米蘭に移されたという王都南遷説もある。米蘭城の規模の大きさからいえば、遷都するにふさわしい場所である。

『三国志』の魏志西戎《せいじゅう》伝に、「玉門関から西へ、都護井を経て、三瀧沙の北に回して、龍堆を経て楼蘭につく」とある。その間の旅の苦しさを、『法顕伝』には「沙河の中には、多く悪鬼が住みつき熱風があらわれ、これに遇えば則ち皆死んでしまう。一人も生き長らえる者はいない。上に飛ぶ鳥はなく、地上に走る獣もなく、遠くまで見渡してみてもどちらに行ったらよいか分からない。ただ死人の枯骨をたよりに、道しるべとするだけである」と記している。

三九九年、法顕《ほっけん》は楼蘭で約一カ月間滞在し、「国王は仏法を奉じており、国内にはおよそ四千人の僧侶がいる。すべて小乗仏教である」と記している。この『法顕伝』の記録により、王国は存在し国都もそのままで、住民が住んでいたことが分かる。楼蘭の滅亡寸前の貴重な記録である。

楼蘭地下墓の墓室より入り口を望む

楼蘭には、老人や幼児を含めて約一万七千人の住民がいたが、そのうち、四千人が僧侶という人口の異常構成は、楼蘭の経済活動を完全に破壊に追いやり、急速に滅亡へと転落させた。学・素養のない僧侶の増加は、法を説き民衆に希望や勇気を与えるというのではなく、ただ己《おのれ》が楽《らく》をして生きんがための出家であった。精神の荒廃により安逸と堕落を好む住民が多くなり、その結果、僧侶になる道を選択したのである。出土した古文書には、僧侶の大量出現による住民の惨状が記されている。

「売《ばい》胡《こ》女《じょ》舎《しゃ》」の一節は、女性の奴隷売買が行われていたことを示している。紀元前六世紀頃に作られ、七世紀頃まで南アジア西北部および中央アジアで用いられた文字で書かれたカローシュティー文書にも、婦人が息子だけでなく娘までを、わずかのお

第四節　悠久の楼蘭王国に立つ

楼蘭の地下墓のソグド人酒宴図

楼蘭の地下墓の放牧図

金で役人に売り渡しているようすを記述している。平均すると、男はラクダ三頭、女はラクダ二頭ほどの値段であった。

また、一枚の史料には「販売された少数民族の女性を釈放するように」とあり、奴隷売買に関する法律の規制があったことも分かる。

住民の貧苦をよそに、僧侶が酒と肉をたらふく食べているようすを明らかにしている出土文書もあった。さらに、土地の売買であくどく金儲けをし、僧侶が金を借りるのではなく、高利で金を貸す方であること、僧侶が土地を占有したり、税金を勝手に徴収した事例があること、そして国王より僧侶が別荘の贈与を受けたことを記している。

僧侶は官職にもつき、広大なブドウ園や奴隷を有した豊かな生活を基盤に、妻帯する者も多くなった。権力者と僧侶の結託は、しだいに清貧を旨とする清僧でなく、合法的な婚姻をも認めるようになっていく。妻帯すれば、どうしても自分の子どもたちに豊かな生活をさせたい、財産を残してやりたいと思うようになり、信仰の世界に物欲が入り込み、宗教を堕落させてしまうということを、楼蘭の僧侶たちは考えなくなっていた。

さらに僧侶は、商品取引や質契約にも従事し、その経済的豊かさは、さらに僧侶の腐敗を招いていった。仏道修行にも励まず、あげくの果ては「僧侶はあの女を殺した」と殺人事件まで起こしたことが出土木簡に記されている。

折りしも、四四五年、北魏の太武帝は、二回にわたって楼蘭を攻撃した。

五世紀末、南斉の益州刺史《しし》劉悛《りゅうしゅん》が派遣した使者の江景玄《こうけいげん》が、于闐に赴く途中、楼蘭

第四節　悠久の楼蘭王国に立つ

城に入っている。その報告書によれば、すでに王国はテュルク系遊牧民族の丁零《ていれい》のために破られ、民衆も散尽していたと述べている。

五一八年十一月、霊太后胡氏《れいたいこうこし》は沙門恵生《しゃもんけいせい》を西域に派遣、その行程は、吐谷渾↓楼蘭城↓左末城（且末《しょまつ》）↓末城↓于闐となっている。また、この時期、都は米蘭からさらに移動してチャルクリクに移り、吐谷渾の寧西将軍は、この地を三千の兵士をもって防備を固めていた。この間の事情は、穆舜英・梁越の書いた『楼蘭』（外文出版社）に詳述されている。

隋《ずい》の煬帝《ようだい》は鄯善《ぜんぜん》県を設置して、昔の繁栄を取り戻そうとしたが、河水の不足はいかんともしがたく、しばらくしてこの方針は放棄されている。六四四年、唐の玄奘三蔵《げんじょうさんぞう》が天《てん》竺《じく》の帰途、楼蘭城には入らず、米蘭を通過した。その時のようすを「城郭はあれど人煙はなし」（『大唐西域記』）と記し、住民は誰一人いない廃城であったことが分かる。

楼蘭の最後の記録は、十一世紀の欧陽脩《おうようしゅう》らが編纂《へんさん》した『新唐書《しんとうじょ》』西域伝である。そこには、焉耆《えんぎ》国は唐と協力して昔の楼蘭道を復活させようとしたが、高昌国の反対にあって実現しなかったと述べられている。

それ以後、楼蘭は長い間忘れ去られ、幻の王国として流沙に埋没、その位置さえも不明になってしまった。十三世紀に中央アジアを通ったマルコ・ポーロは、楼蘭城のことを全く記していない。ただ、楼蘭城は滅亡しても、米蘭やチャルクリクでは、楼蘭人の末裔《まつえい》が住民として居住していたことが、出土した「吐蕃文木簡《とばんもんもっかん》」によって証明される。

米蘭故城に残る仏塔跡

楼蘭の名が歴史上から消えて、その存在が再び世に出たのは、二十世紀に入ってからである。スウェーデンの探検家スウェン・ヘディンのガイドが、一九〇〇年三月二十八日に楼蘭故城の遺跡を発見、翌年、三月三日から九日にかけてヘディンは、楼蘭の五、六世紀頃までの生活や文化を知る上での貴重な漢文紙片文書三十五点、漢文木簡一二〇点、カローシュティー文書二点を見つけた。その後も第二次、第三次、第四次と探検を続け、多数の貴重な古文書を発見している。その中に、建興十八年（三三〇）の紀年のある木簡があり、その記述から楼蘭屯戍《とんじゅ》における交易活動や租賦《そふ》のようすを知ることができる。

ここで注目すべきは、楼蘭出土のカローシュティー文書によれば、三二一年から三三四年にかけて城内の住民が逃亡し始め、経済力のある者は、三三〇年代にほぼ他のオアシスに移動してしまったことである。

イギリスのスタインの楼蘭の探検は、三回実施されている。第一回目は一九〇〇年〜一九〇一年、精絶国の発掘が行われ、魏の景元《けいげん》五年（二六四）から西晋の泰始《たいし》六年（二七〇）まで

第四節　悠久の楼蘭王国に立つ

楼蘭郊外の荒涼とした景色

2003年2月、楼蘭北方のこの丘陵から地下墓が発見された

の紀年のある木簡五十片を手に入れた。中には、検封の箱の蓋《ふた》に楷書で「詣鄯善王」の文字が書かれたものもある。

第二回目は一九〇六年～一九〇八年、楼蘭故城にて木簡や、永嘉六年（三一二）の紀年のある、残紙など九九一点を手に入れた。

第三回目は一九一三年～一九一六年、木簡と残紙など合計六〇七点が発掘された。また、楼蘭城、漢晋墓地、方城、海頭古城などの発掘からは、数多くの漢文木簡、クシャン朝のコイン、カローシュティー文書、五銖銭、ソグド文書、毛織物等を発見した。これらの出土文物は整理されて、『西域』と題された一部二巻の書籍にまとめられている。

日本の大谷探検隊の橘瑞超《たちばなずいちょう》も、一九〇九年三月と一九一一年一月に楼蘭を訪れている。『晋書』張駿《ちょうしゅん》伝によれば、三二四年、前涼王となった張駿は、部下の李柏《りはく》を楼蘭に派遣した。李柏が、三二七年に焉耆国王の龍熙《りゅうき》に送った四枚の書簡の草稿「李柏文書」をはじめとして、大量の仏教経典を見つけ、大谷探検隊の業績は世界の東洋学者の注目を集めた。しかし残念なことに、宗門と上人の対立により、貴重な資料のほとんどが、中国の旅順や韓国のソウルなどに散逸してしまった。

このほか、中国の考古学者の黄文弼《こうぶんひつ》はロプ・ノール地区で幅広く考察活動を行い、早稲田大学の長澤和俊名誉教授なども、楼蘭故城で詳細な調査を実施した。

二〇〇三年二月、楼蘭城の北北東、二十三キロに位置する高台の墓地から、原色壁画が発見された。そのニュースに接し、私はすぐに調査に向かった。

第四節　悠久の楼蘭王国に立つ

次いで、二〇〇四年八月と二〇〇六年三月に、楼蘭城の調査を実施した。楼蘭郊外八キロのところに仏教寺院があり、等身大の交脚菩薩の壁画も三体残存しているという情報を現地で入手した。次回の、楼蘭王国の調査では、ぜひ眠れる仏教寺院を調査してみたいと願っている。

第五節

亀茲《きじ》国の偉人、鳩摩羅什《くまらじゅう》の歩いた道

一九七九年から中央アジアのオアシスを、またシルクロードの流沙《りゅうさ》の道を歩き続け、四十二年の歳月が流れた。「壮士は西行《せいこう》す。志《こころざし》は千里にあり」との漢詩の一節を胸中に燃えたぎらせ、西域の旅を重ねてきた。

私の歩いた道は、仏典を古代インド語（梵語《ぼんご》）から漢語に翻訳し、仏教の布教に貢献した鳩摩羅什が歩いた道と重なっている。ここでは、鳩摩羅什の歩いた主たる町や村を、編年的に紹介したい。

鳩摩羅什の父、鳩摩羅炎《くまらえん》は北インドの貴族で、紀元前一世紀半ば頃、上座部から派生した阿毘達磨《あびだるま》、いわゆる説一切有部《せついっさいうぶ》を信奉する仏法者であった。しかし、物質界の王者から精神界の王者を目指し、また、俗世の栄華を求めるのではなく、残年を仏に供養しようと誓い、推定四十歳の時、約束された天竺《てんじく》の宰相《さいしょう》の地位を捨てて、漢土へと旅立った。六〇〇〇メートルに及ぶパミール高原を越えて疏勒《そろく》国（カシュガル）から亀茲国（クチャ）に進んだところ、亀茲国の国王の白純《はくじゅん》に請われて国師となった。漢語ができなかったためか、それとも漢土への布教の使命をわが子に託そうとしたのか、還俗して国王の妹の二十歳になる耆婆《ぎば》と結婚した。

三五〇年（三四四年説もある）、亀茲国にて鳩摩羅什が誕生した。七歳にして出家、

第五節　亀茲国の偉人、鳩摩羅什の歩いた道

石頭城《せきとうじょう》（タシュクルガン）を経て、当時の仏教の中心地であった北インドの罽賓《けいひん》国（カシミール）への修行に、母と共に出たのは九歳の時である。国王の従弟の槃頭達多《ばんどうだった》に師事した。「才明らかにして博識、当時に独歩す」と評され、罽賓国王も注目した。

十二歳になって仏教の基礎と小乗仏教を学び終え、母と共に亀茲国に帰ることになった。帰途、さらに修行のため一年間、疏勒国に滞在することにした。

疏勒国での最大の成果は、莎車《さしゃ》国（ヤルカンド）出身の須利耶蘇摩《すりやそま》という大乗論師に師事し、大乗仏教へと転じたことである。鳩摩羅什の弟子の僧肇《そうじょう》の『法華翻経後記《ほっけほんぎょうこうき》』によれば、この時、鳩摩羅什は師より「この典は東北に於て有縁《うえん》なり。汝慎んで伝弘《でんぐ》せよ」との、大乗仏教の経典を流布する付嘱《ふぞく》を受けたという。

鳩摩羅什は十三歳から三十五歳まで亀茲国に住み、小乗仏教を信奉していた人々を大乗仏教へと導いた。前秦《ぜんしん》王朝の苻堅《ふけん》は、「賢哲は国の大宝なり」、「星あ

鳩摩羅什が生まれたと言われる亀茲国のスバシ故城

り、外国の分野に見ゆ。当《まさ》に大徳の智人あり、入りて中国を輔《たす》くべし」として、三八二年、鳩摩羅什一人を手に入れるため長安から、七万余の遠征軍を亀茲国に向かわせた。遠征軍は、楼蘭《ろうらん》や吐魯番《トルファン》や焉耆《えんぎ》などの軍を加え、その数は十万余になった。たった一人の人材を呼び寄せるために十万の軍が動いたという歴史的事実は、鳩摩羅什がいかに逸材であったかを物語っている。

亀茲国の白純王は鳩摩羅什の反対を押し切って遠征軍と戦った結果、亀茲軍は壊滅し、国王は殺され、亀茲国は降伏した。鳩摩羅什はかねてより長安での仏典の漢訳を人生の目的としていたので、遠征軍の将軍の呂光《りょこう》に率いられた前秦軍と共に長安に向かった。三国時代の魏《ぎ》を中心に書かれた歴史書、『魏略』によれば、吐魯番を通って敦煌《とんこう》に入城するコースをとらず、焉耆からタリム川の下流の孔雀川に入り、さまよえる湖と呼ばれるロプ・ノールの西にあった楼蘭を通って敦煌に入った。『仏国記』を著《あらわ》した法顕《ほっけん》の通った道程を逆に進んだことになる。

二〇〇三年三月、鳩摩羅什が楼蘭を訪れていたと思われる五世紀初め頃の地下墓が、楼蘭城の北から発見された。墓室は彩色が施された棺桶の周りに人骨が散乱し、壁にはソグド人の酒宴図や住民の放牧図が描いてあった。二名のホータンのウィグル族の墓盗人の男性が墓陵を爆破したので、壁画も柱も上部三分の一は吹き飛んでいた。

ソグド人は、イランで紀元前七～六世紀頃に生まれたゾロアスター教（祆教《けんきょう》）や、三世紀にバビロニアで生まれたマニ教といった宗教を信仰していたが、楼蘭に住むうち

第五節　亀茲国の偉人、鳩摩羅什の歩いた道

に仏教のすばらしさに心打たれ改宗《かいしゅう》したのか、墓室の壁面や柱に、法輪が三十近くも描かれていた。

鳩摩羅什が敦煌に入城したところ、経典や仏像を積んできた愛用の白馬が死んだ。その供養のために建立《こんりゅう》された白馬塔が、今も虚空に聳《そび》えている。白馬塔の正面の大きな看板には、平沙万里を越えて敦煌までたどり着いた鳩摩羅什と白馬の姿が美しく描かれ、敦煌の名所旧跡の一つとなっている。

三八五年九月、呂光軍に従った鳩摩羅什は涼州の姑蔵《こぞう》城に入った。ところが、この地に至って、呂光は長安からの使者によって、主君の苻堅《ふけん》が淝水《ひすい》の戦いで敗北し、その後、死去したことを知った。帰るべき祖国を失った呂光は、やむを得ずこの地に拠って自立し、五胡十六国の一つである後涼《こうりょう》王朝を建国した。従軍してきた七万余の兵士たちも、長安の父母や妻子の顔を見ることができず、異郷での生活を余儀なくされた。鳩摩羅什は以後、三十六歳から五十二歳までの十七年の長きにわたって、この辺境の町で生活することになる。

涼州は、「金の張掖《ちょうえき》、銀の武威《ぶい》（涼州）」と言われるように、河西回廊《かせいかいろう》の重要な食糧基地になっていた。西域仏教が中国に最初に到達した玄関口ということもあり、独自の仏教文化圏を構築している。北魏の時代に造営された大同の雲崗《うんこう》石窟も、その多くは涼州の技術者集団が携わったので、涼州様式といわれている。七世紀に成立した歴史書、『晋書《しんじょ》』張軌《ちょうき》伝に「中州より難を避け来る者、日に月にあい継《つ》ぐ」とあるように、涼州

は辺境のオアシスであるが、豊かな長安や洛陽の文化が根付いていた。

鳩摩羅什が住んだ涼州の十七年間は、後涼王朝の初代皇帝の呂光の在位期間とほぼ重なっている。戦乱の絶えない乱世にあって、この祁連《きれん》山脈の北麓に住んでいた期間は、比較的平穏な時代であった。鳩摩羅什は、呂光の相談役のような立場で、心おきなく仏典や漢籍を学び、漢語の習得に精励することができた。

中国本土から鳩摩羅什の名声を聞き、若き俊英が続々と集ってきた。そのため、鳩摩羅什は漢語だけでなく、漢族の民族性、生活習慣、年中行事なども学ぶことができた。さらに、漢民族が「詩」を好むことを知ることができたのは大きな成果であり、後の仏典漢訳にあたり大いに役立っている。もしもスムーズに長安に入城していたら、いまだ漢語も習得しておらず、仏典翻訳もままならなかったと思われる。まさに長い目で見れば、涼州に長期間住むようになったことは、大いなる変毒為薬《へんどくいやく》であったといえよう。

後秦王朝の若き皇帝の姚興《ようこう》は、四〇一年五月、西域の交易ルートを手に入れるため、併せて、鳩摩羅什を長安に招き入れるため、六万七千の兵を涼州に向けて出陣させた。すでに二年前に呂光は六十三歳で死去、その後は、国内に反乱が続き優れた人材がいなくなり、王朝は崩壊寸前の状態になっていた。

後秦軍の前にあっという間に敗れた後涼軍は、死者一万、離反者二万五千人を出し、国王の呂隆《りょりゅう》は降伏した。姚興は、当時の西域の政治状況を考えると、呂氏一族を撲滅することは、他のオアシスを敵に回すことになると考えた。

第五節 亀茲国の偉人、鳩摩羅什の歩いた道

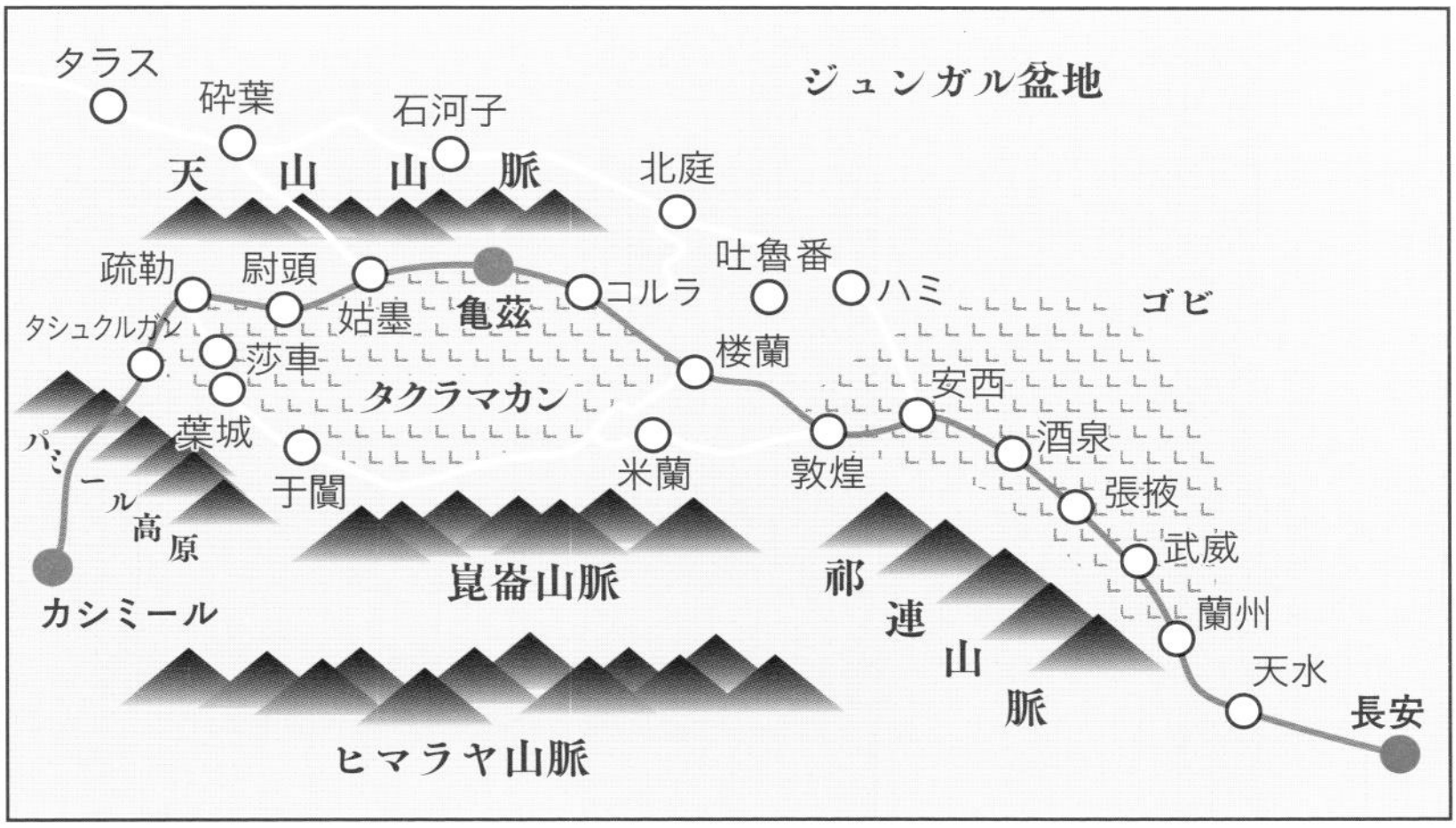

鳩摩羅什の歩いた道

鳩摩羅什は、7歳の時に母と共に亀茲国にて出家した

仏教を深く信仰する姚興は、一人の仏教徒として生命の尊厳と不殺生の考えが強く、結局、国王呂隆を許し、涼州刺史《しし》・建康公に任命するという寛大な処置をとったのである。ただし、人質として母・弟・子などをはじめ、文武の重臣五十余家を長安に送るように命じた。その一行の中に鳩摩羅什も含まれていた。

鳩摩羅什は、姚興より国師の礼をもって迎えられ長安に入った。高僧の伝記を収録した梁の慧皎《えこう》の『高僧伝』によれば、弘始《こうし》三年（四〇一）十二月二十日、鳩摩羅什五十二歳の冬のことである。姚興は二十九歳、賢人を多く登用し、その勢力は遠く甘粛省まで影響を及ぼしていた。そうした国家の興隆期に、国師として迎えられたことは、訳経という多額の資金を必要とする大事業にとっては、極めて幸運であった。まさに、時が人を助けたと言える。

鳩摩羅什が仏典翻訳を志した最大の理由は、師匠の須利耶蘇摩との誓願、すなわち、漢土への大乗仏教の流布であった。そのためには、まず釈迦《しゃか》の教説を正しく記した写本が必要であった。残念ながら安世高《あんせいこう》や竺法護《じくほうご》など多くの訳経僧の先人たちによって漢語への翻訳がなされてきたが、極めて不備なものであった。そこで、鳩摩羅什は大いなる決意を燃えたぎらせ、漢訳を試みたのである。経典だけでなく、空《くう》の思想を説いた『大智度論』や、縁起《えんぎ》・空性《くうしょう》・仮《け》のあり方を明らかにした『中論』等も訳出し、その翻訳仏典は、後の中国や日本の仏教に大きな影響を与えている。特に日本の鎌倉仏教の僧たちの多くは、玄奘三蔵《げんじょうさんぞう》の新訳ではなく、鳩摩羅什の旧訳《くやく》をテキストとして使用している

第五節　亀茲国の偉人、鳩摩羅什の歩いた道

ことは、いかに旧訳が釈迦の真意を汲み取り、すばらしかったかの証左といえよう。

鳩摩羅什の祖父の鳩摩羅達多《くまらだった》や父の鳩摩羅炎は天竺の人であった。鳩摩羅什の生まれた亀茲国の言語はブラーフミー系統のトカラ語Bであったが、鳩摩羅什は父のおかげで家庭にあって、正統的なサンスクリット語を学習することができたのである。

もう一つは、翻訳する時に使用するサンスクリット語のテキストが、書写に書写を重ねた写本ではなく、亀茲国の王宮に保管されていた精度の高い梵本《ぼんぽん》であったことである。鳩摩羅什は王族であったので、長安に向かう時、最高級の写本を持参していたと思われる。

音律と格調にも意を注いで翻訳し、梁の『高僧伝』には、「言葉がそのまま文章となり、削ったり改めたりすることもない。表現比喩は美しく簡約にして、玄妙深遠である」と記している。僧叡《そうえい》は「今や鳩摩羅什の新訳を得て、晴れわたった崑崙山《こんろんさん》の上から、下界を俯瞰《ふかん》し得たようだ」と伝えている。

このように、鳩摩羅什訳の経典は、格調高く簡潔流麗、詩を重んずる漢土の人々の渇《かつ》仰《ごう》に十分応え得るものだった。

『高僧伝』では後秦の弘始十一年（四〇九）八月二十日、鳩摩羅什は長安の大寺にて死亡、享年六十歳とあるが、『広弘明集《こうぐみょうしゅう》』には弘始十五年（四一三）に死亡したとある。いずれにせよ正確な訳経という使命を果たし、須利耶蘇摩との誓願を貫き師弟不二《していふに》の道を歩んだ偉大な生涯であった。『高僧伝』には、「薪が燃えつくし身体は焼けてしまったが、

鳩摩羅什と師の須利耶蘇摩が出会った、疏勒国のハノイ故城

ただ舌だけは焼けても灰になっていなかった」とあり、涼州には、鳩摩羅什の舌を祀《まつ》った八角十二層、高さ三十二メートルの羅什寺塔が建立されている。地元の住民はイスラム教徒が多いが、鳩摩羅什に対しては敬慕の念が深く、『世紀の偉人、鳩摩羅什』というウィグル語の本を出版するなど、郷土の偉人として高くその業績を讃えている。

　一九九四年、キジル千仏洞の前庭に高さ三メートルの「若き日の鳩摩羅什像」が建立された。どうして一六〇〇年以上も前の人物の姿が表現できたのかと現地の研究員に尋ねたところ、キジル千仏洞から四世紀頃の塑《そ》像《ぞう》が発見され、

クチャのキジル千仏洞の前庭にある
若き日の鳩摩羅什像

長安の草堂寺は鳩摩羅什が訳経場の
一つとして使用したところである

鳩摩羅什と同時代の人物を描いた窟内の壁画も参考にして、敦煌研究院が十年の歳月をかけて設計し、杭州で鋳造《ちゅうぞう》したという。いま鳩摩羅什の偉業は、一六〇〇年の時空を超えて、日本やインド、中国のみならず、世界の民衆から注目され始めている。

第六節

天山南麓のアアイ石窟とアゲ故城

亀茲《きじ》国（クチャ）に分布する仏教石窟は、キジル千仏洞にせよクムトラ千仏洞にせよ比較的村里に近い、河川のある風光明媚《ふうこうめいび》な断崖に造営されている。それは修行者が静寂の中で仏道に精進《しょうじん》することができ、かつ食料を入手しやすい場所、さらに、村人が日帰りで参詣できる距離にあることが石窟造営の基本的条件であるからだ。

それに対してアアイ石窟は、村落から六十キロ余も離れ、かつ深山幽谷《しんざんゆうこく》にある。雨が降れば瞬《またた》く間に道はぬかるみ、河川の浸食で形作られた土の壁が両側から迫る。なぜこのような厳しい場所に仏教石窟が造られたのだろうか。理由はただ一つ、天山山脈を越えて亀茲国に侵入しようとする遊牧騎馬民族の西突厥《とっけつ》を、その入り口で撃破するために辺境防衛にあたっていた、アゲ城の士卒や工匠や商人たちの礼拝窟であったことによる。

アゲ城は東川水の西岸、標高一五六〇メートルの高台にあり、城壁の一辺の長さは約四〇〇メートル、ほぼ正方形で、城門は東と西にあった。城内からは唐代の貨幣、陶器、矢じりなどが出土している。高さ約六メートルの望楼に登り周囲を眺望したが、周りは赤銅色の高い嶺で囲まれており、その遠大さは今もって忘れられない。城外の駐留軍の布陣跡も測量し、その結果、この城は、六朝《りくちょう》末期から唐代中期にかけて、約三五〇〇人の兵士が外敵の侵入に備えていたことが分かった。唐と亀茲の混成軍は、交易を通じて

第六節　天山南麓のアアイ石窟とアゲ故城

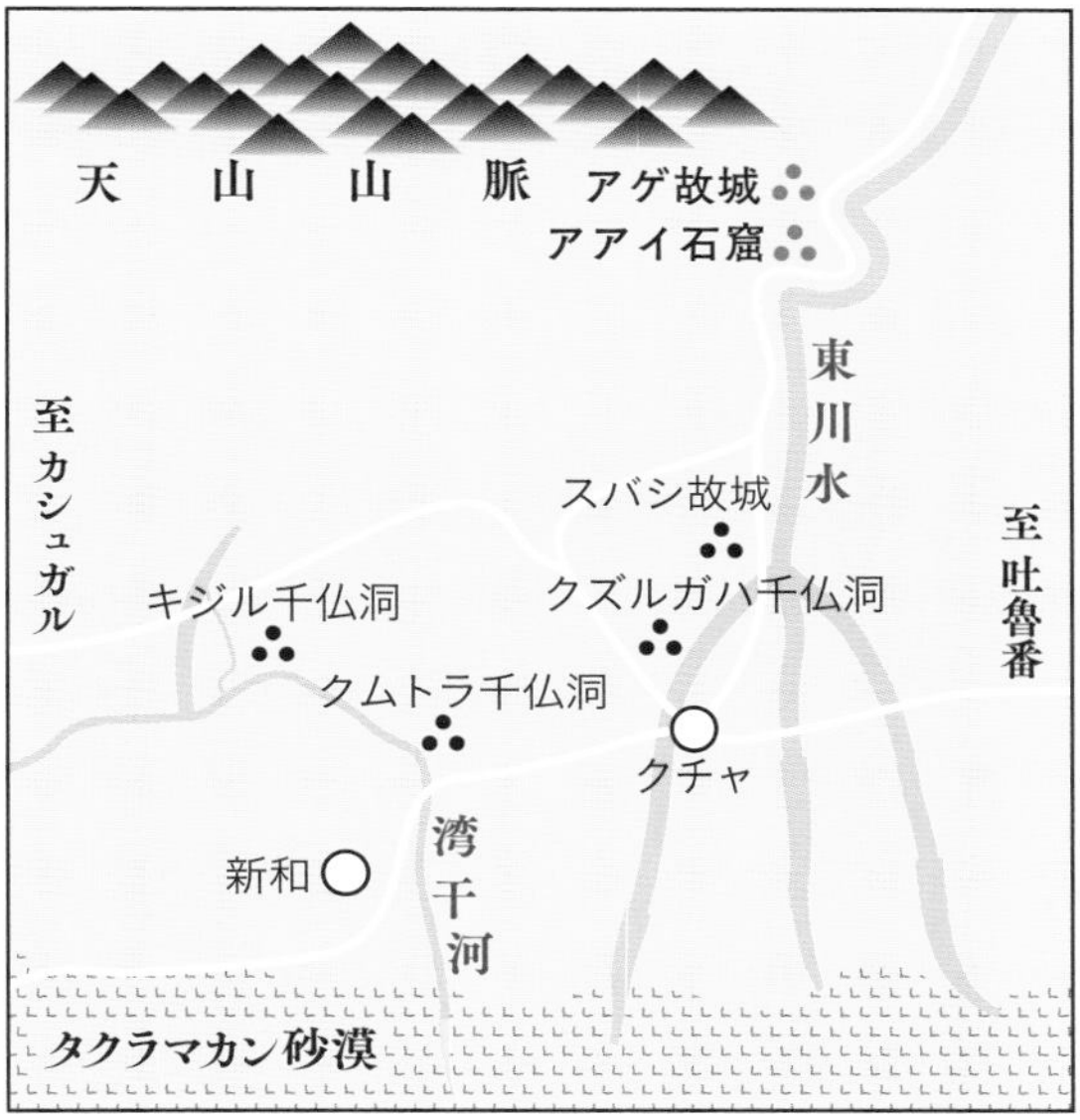

アゲ故城と
アアイ石窟の位置

アアイ石窟への道

利害を一にし、また、同じ仏教徒として亀茲王国守護のために戦ったのである。

遠く長安の都から国境守備のために亀茲国まで従軍した兵士にとっては、心安らぐ場所は仏に祈念する礼拝所しかなかった。

アアイ石窟は八世紀に開鑿《かいさく》されたほぼ方形の石窟で、正面と左右に美しい壁画が描かれ、中央の壇には一体の仏像が安置されていた。発見当時はまだ存在していたが、地元の農民が仏像を砕いて肥料にしたらしく、いつの間にか消失していて、調査した時には台座しか残っていなかった。

壁画は非常に丹念に制作され、その内容は仏・菩薩・千仏・経変《きょうへん》である。絵画の特色と傾向性から、唐の長安や洛陽の文化と、亀茲国の伝統文化とが融合、調和して、独自の仏教美術を具現したものといえる。

石室は、断崖の中腹に鋭利な道具で穴を開け、最初に荒土を塗り、その上に葦草《あしくさ》・羊毛・麻絮《あさわた》などを細かく切りきざんでよく混ぜ、その草泥皮の上に白土が塗ってあった。白土の上に画工が下絵を描いたのち着色している。

この石窟は、一九九九年五月、薬草の採取と放牧のために、天山山脈の奥地に入った二十四歳の二人のウィグル族の牧人、アブレティとトルビーによって偶然に発見された。二人は行方不明になった羊を探しに山奥に入ると、二十五メートルほどの断崖の中ほどに穴が開いているのを見つけた。不思議に思い上部からロープを下ろして穴をのぞき込んでみると、そこは絢爛《けんらん》たる仏教石窟であった。

第六節　天山南麓のアアイ石窟とアゲ故城

洞窟はクチャ県城北方約六十キロ、ウィグル語でキジルャー（紅い山）と呼んでいるクズリア大峡谷の中に造営されていた。ここは幾万年に及ぶ風雨剥蝕《ふううはくしょく》、山洪冲刷《さんこうちゅうさつ》を経てできた峡谷で、石窟はクムログエ渓谷の奥深い岸壁の西側に開鑿されていた。幅の広いところは五十三メートル、狭いところは四、五十センチしかなく、やっと一人通れるかどうかの幅である。この渓谷の水は、地上に出たかと思えば地下に伏流水となって見えなくなり、窟から二キロほど離れたクチャ川の上流の東川水に流れ注いでいる。

亀茲国は『漢書《かんじょ》』によると、人口は十二万余、天山南路最大のオアシスとして、金・銅・鉄・鉛・錫などを大量に産し、アゲ故城の近くには漢代の精錬所跡も残っていた。

アアイ石窟の正確な場所は、北緯四二度七分、東経八三度五分、海抜は約一五六〇メートルである。そこは現在の新疆《しんきょう》ウィグル自治区クチャ県のアグ郷イディク村、三千人余のウィグル人が羊や馬や牛を主たる牧畜とし、若干の農耕を営む村であった。

石窟の成立年代の詳細は不明だが、二十三カ所に及ぶ漢文の題記が、盛唐時期の書法、風格と一致していること、さらに正壁の足の甲を交わらせて座る結跏趺坐《けっかふざ》した仏と、莫《ばっ》高窟《こうくつ》二一七窟北壁の唐代に描かれた仏との類似を指摘したい。そのほか、壁画中の人物像の多くは、唐代の長安や洛陽の画法の特徴をよくとらえていた。豊満で穏やかな顔立ちは、中国人物画法の成熟時期と重なっている。

漢文題記の書風は、唐代の著名な書家である歐陽詢《おうようじゅん》や柳公権《りゅうこうけん》の書体をふまえたものである。壁画の題字の書写には、相当の高水準の筆致《ひっち》が要求されるところから、現地に住む書道に巧みな漢族が書いたと思われる。

榜題には、裴《はい》・白《はく》・寇《こう》・李《り》・梁《りょう》・趙《ちょう》・申《しん》・傳《でん》・彭《ほう》の九姓の標記がある。「白」は古代亀茲国の王姓であり、「裴」は疏勒《そろく》国（カシュガル）の大部族の姓である。これら亀茲国に住む貴顕や住民は、その経済的規模に比例して石窟造営にかかわった。漢人と少数民族とが共同して供養した題記もあり、このことは多民族が共生し、相当に通婚も進んでいたことを証明している。

ところで、亀茲国には、キジル・クムトラ・クズルガハ・シムシムなど八カ所の仏教石窟がある。玄奘三蔵《げんじょうさんぞう》は六四六年に成立した『大唐西域記』で、亀茲仏教について「伽藍《がらん》百余、僧徒五千」と記している。

アアイ石窟の正壁は十六平方メートル、中央に結跏趺坐した無量寿仏を蓮華台座上に描き、「怖畏急難《ふいきゅうなん》の中」にいる一切衆生を救済することを説いた観世音《かんぜおん》菩薩を配している。右には、大勢至《だいせいし》菩薩を脇侍として配している。左下には阿闍世王《あじゃせおう》の母、韋提希《いだいけ》夫人を表情豊かに宝閣の前に描いている。

全体として、一人ひとりの菩薩の表情は西域住民に似て、鼻が高く個性的で躍動感にあふれている。仏の周辺には二十一体の飛天を配置し、池塘《ちとう》（池の堤）・琵琶・箏・鼓・鶴・蓮華・式亭（あずま屋の手すり）・廊・楼閣を描き、建築物の壁や扉にも飾り図としての植物が美しく点描されている。

右下では閣台亭の太鼓を打つ音を聞き、左下の欄干では白鶴がその妙音に聴き入って

亀茲国の北方を西突厥の攻撃から守ったアゲ故城

亀茲国（クチャ）のキジル千仏洞

いるようすを静と動でみごとに描いている。また、みどり豊かな花弁を八葉配しており、芯の中の種子を示す三点の白色などは実に美しく精緻《せいち》で、光背《こうはい》も大きくくまどり、中を緑色と群青色で染めている。この画法はキジル千仏洞第八〇窟の伎楽《ぎがく》菩薩や、第一四窟の仏説法図の光背と類似している。

次に左側の壁画を見ると、五体の仏菩薩が立像として描かれているが、自然破壊によって下部の剥落《はくらく》がはげしいのが残念である。まず入り口から奥に主なものを見てみると、「薬師経」で説かれる薬師瑠璃光《るりこう》如来が、左手にペルシア伝来の透明なガラス鉢を持ち、右手には錫杖《しゃくじょう》を持って描かれている。

二番目に描かれているのは、釈迦《しゃか》の九代前の本師とされる文殊師利《もんじゅしり》菩薩である。文殊はインドの舎衛《しゃえ》国のバラモンの子として生まれたが、のちに出家して普賢と共に智慧第一の菩薩として、多くの衆生を教化したと説かれている。中国では東晋《とうしん》後期に文殊信仰が盛んとなり、五台山は文殊の聖地とされた。

アアイ石窟の文殊師利菩薩は宝冠をつけ、首に二連の宝珠をかけ、両手に釧《くしろ》をかけて、右手に蓮華を持っている。特に、注目されるのは宝冠の華麗さで、莫高窟などにも、絢爛豪華な冠をつけた菩薩の壁画が多く見られるが、アアイ石窟の壁画は決してそれに見劣りするものではない。

なお、トルファンの吐峪沟《とよくこう》石窟から出土した唐代の絹画の菩薩の宝冠と、アアイ石窟の日月をかたどった宝冠とは、色彩も図案も共通点が多く見られた。

第六節　天山南麓のアアイ石窟とアゲ故城

次に並んでいるのは、「華厳経」の中心的な存在とされる盧舎那仏《るしゃなぶつ》である。左肩に「此の妙響《みょうきょう》の音を聞き、尽《ことごと》く当《まさ》に此に雲集《うんじゅう》すべし」としての梵鐘《ぼんしょう》、右肩に鼓《つづみ》、その下に一仏四菩薩を描いている。さらにその下に須弥山《しゅみせん》を描き、山の下に四蛇《しだ》を、その下に走馬《そうば》を描き、左に月、右に太陽を描いている。また、首の三道をはっきりと描き、左の腕に手先の方から白象、阿修羅《あしゅら》、天人を描き、左手は施無畏《せむい》、右足に甲冑《かっちゅう》をつけた武士、左足に男女一人ずつ供養人を描いている。腰には銙帯《かたい》を巻き、前中央に一条の腰佩《ようはい》（腰につける飾り）が垂れ下がっている。髪は螺髪《らほつ》で頂に肉髻《にくけい》があり、青眼の瞳は紺青で青蓮華のつぼみのようである。全世界の衆生の声を聞くが如き大きく長い耳朶《じだ》、表情は威厳と静穏を兼備している。

このように衣に月や太陽など宇宙表現の図像を描くという発想は、莫高窟四二八窟の盧舎那仏と相通ずるところがある。特に、アアイ石窟も莫高窟も、共に盧舎那仏として地獄・餓鬼・畜生・修羅・人・天の六道を衣に描いていることは注目される。なお、左壁に描写されている千仏は、すべて美しい袈裟《けさ》をつけて蓮華座上に描かれ、その袈裟の色は茶を主とするものと、白に近い薄墨色を主とするものを交互に配置している。

次に右壁であるが、手前からみれば菩薩、観世音菩薩、半伽坐仏の三体である。まず観世音菩薩は、「法華経」普門品《ふもんぼん》第二五に「若《も》し是の観世音菩薩の名を持《たも》つこと有らん者は、設《たと》い大火に入るとも火も焼くこと能《あた》わじ、是の菩薩の威神力に由《よ》るが故に。若し大水に漂わされんに、其の名号を称せば、即ち浅き処を得ん」とある。すなわち「法華経」は、一切衆生を救済することを説いた最重要の経典であるという。中国では西晋《せいしん》に伝来し、南北朝から唐朝に至り盛行、莫高窟や龍門石窟など中国各地に現れる。

アアイ石窟の観音は楊枝観音《ようしかんのん》で、左手に柳の枝を持ち、右手に蓮花と浄瓶《じょうびん》を持っている。頭に宝冠をいただき、左右の手腕に二連の環釧《かんせん》をつけ、きらびやかな首飾りをつけている。腰をくねり極めて女性的である。幻想的で甘美《かんび》なノスタルジアを連想させ、兵士たちは故郷に残してきた妻への恋慕の情で胸をかきむしられることもあったに違いない。

アアイ石窟の左右両壁の仏菩薩像の絵の中に、漢文榜題が二十三カ所あり、西域の数多くの石窟の中にあって、その多さは群を抜いている。これは唐代において花開いた大乗仏教の一部が西還し、亀茲国に流入した証左である。

判別できない文字もあるが、漢文題記には供養者の氏名と、信奉する対象としての仏が明記してある。

「彭□敬造七仏供養」・「梁信敬造十方一心供養」・「寇俊男善愛造七仏供養」・「女弟敬造七仏一心供養」・「趙王□□造上七仏供養」・「寇俊男善愛七仏供養」・「妻白二娘造七仏一心供養」・「□□□造千仏一心供養」・「中令光敬造十方仏供養」・「李光暉造十方一心供養」

この中に六回出てくる「七仏」とは、「阿含経《あごんきょう》」に説かれている過去世の七仏のことである。すなわち、毘婆尸仏《びばしぶつ》、尸棄仏《しきぶつ》、毘舎浮仏《びしゃふぶつ》、拘留孫仏《くるそんぶつ》、倶那含牟尼仏《くなごんむにぶつ》、迦葉仏《かしょうぶつ》、

第六節　天山南麓のアアイ石窟とアゲ故城

アアイ石窟左面の壁画

アアイ石窟の左壁の盧舎那仏

釈迦牟尼仏《しゃかむにぶつ》をいう。また、「十方仏」については、法華経、華厳《けごん》経、観虚空蔵菩薩《かんこくうぞうぼさつ》経などに説かれている。

こうした七仏とか十方仏といった多様な仏教観は、とりもなおさず仏教の寛容性を示すものといえる。敦煌《とんこう》などでは、仏教の興隆時期と平行して、公然と一部の住民にゾロアスター教やマニ教も信仰されていたことが、唐末の文学作品「敦煌二十詠」の中の「安城祆詠《けんえい》」に詠まれている。

四世紀から八世紀、西域で仏教が盛行した時、支配者はもちろん住民の八割までが仏の教えを信奉した。仏教を信仰するかしないかは、地域住民の一人ひとりの自主的判断にまかされていた。すなわち宗教の自由があったが故に、仏教はその哲理の深遠さが、多くの民衆の支持を得たのである。

ところで、アアイ石窟には窟の西側、すなわち左壁の盧舎那仏の右下に、乙種トカラ文が刻まれている。『大唐西域記』では、亀茲国の人々は「文字はインドを手本にし、少し改変している」と述べているが、漢文題記の中に少数民族の言語が刻字されていることは、仏教が民族や言語を超えて流布していたことを示している。

また、ササン朝ペルシアから伝来した「ガラス碗」が左壁に二つ描かれており、その碗ははっきり透けて見える。ガラス碗はやがて長安・洛陽を経て、日本に伝わり藤原京の新沢千塚古墳へと連結するのである。まさしく亀茲国は東洋と西洋の文化交流の架橋といえる。

第六節　天山南麓のアアイ石窟とアゲ故城

アアイ石窟は七五一年、現在のキルギスでのタラス河畔の唐軍の敗戦以後、長い時間を経ずして八世紀末には廃棄された。亀茲国は九世紀後半ウィグル族の勢力下に入り、次いでカラハン王朝の支配下に入った。十一世紀の中頃からトルコ化・イスラム化が進み、亀茲国住民の多くは仏教からイスラム教に改宗、十三世紀から十七世紀まで、チャガタイ・ハン国に属した。一六八〇年頃、ジュンガル王国の征服するところとなり、一七五九年、清国のタリム盆地支配の結果、その領土となった。中華民国からはクチャ県となり、現在の中華人民共和国に引き継がれている。

第七節

于《う》闐《てん》国（ホータン）は仏教と玉石の国

中国の旅行家で、インドまで旅した法顕《ほっけん》も玄奘三蔵《げんじょうさんぞう》も立ち寄った于闐国は、現在の行政区画からいえば、新疆ウィグル自治区和田《ホータン》の南西に位置している。古来、西域南道の重要なオアシスであり、最も早い時期に大乗仏教の興隆した拠点として、シルクロード史に光彩を放っている。良質の玉《ぎょく》が採取されることも、于闐国の地位を高めた。

二〇〇六年三月、敦煌《とんこう》の陽関を出発し、ひたすらホータン方面に向かって走行した。初めは砂漠だったが、いつしか高原の小道へ入った。村もなく人ひとりいない。どこまでも荒々しい岩肌と細い道が連なっているだけだった。漢詩に「今夜は知らず何《いず》れのところにか宿《しゅく》せん」とあるが、十三時間ほど走ったところで夜営することにした。海抜は約三五〇〇メートル、連山の白雪は遠くまで透き通るような美しさであった。星空の下、みな疲れてぐっすり寝入った。ところが朝起きてみると夜に温度が下がったのか、就寝前は十度であったのに、夜明けの気温はマイナス八度、テントの三分の一は雪に埋もれていた。まことにホータンまでの道は車でも難行苦行であったが、昔の旅人は歩いて移動したのだから、ただただ敬服するのみである。

ホータンには大小十四の仏教遺跡や城壁がある。しかし、その多くは北方のタクラマカン砂漠の中、七、八十キロ入ったところに埋没している。近くを流れていた河川もす

第七節　于闐国（ホータン）は仏教と玉石の国

于闐国（ホータン）の熱瓦克遺跡の仏塔

べて水枯れになっていた。

于闐国の仏教寺院は砂漠化によって八世紀から九世紀には放棄され、町は南方の崑崙《こんろん》山脈の北麓に移動した。さすがにイスラム教徒も、砂を掘り起こしてまで寺院を破壊することはできなかった。仏教寺院は木材や日干し煉瓦《れんが》で造ってあるので、自然破壊を被るのみで後世に残ることになる。

二〇一七年、ホータン北方六十三キロ、白玉河の東、洛浦《らくほ》県吉亜郷《きちあごう》北西の砂漠の中にある熱瓦克《ラワク》仏教寺院を調査した。創建当時は、周壁に三メートル余の泥塑《でいそ》の立仏像を数多く配置し、その間に彩色壁画や菩薩像や供養人像を配列した姿を見ることができた。

仏塔は三世紀前後に建造され、九世紀頃まで存在している。現在は、第一層は保護のために砂に埋められて二層目のみ地上に出ており、三層から上は倒壊し土に還っている。

一九〇一年四月、イギリスの探検家スタインは、熱瓦克仏教寺院を発見、仏塔を発掘した。その大きさは西域南道のどの仏塔より大きく壮大であったと述べている。また、巨大な釈迦《しゃか》の像、小さい仏弟子の像も発掘、そのほか、色鮮やかな千手千眼《せんじゅせんげん》観音像、泥塑の飛天、泥塑仏像、影塑《えいそ》菩薩像、陶器類も発掘している。

インドからホータンに仏教が伝わってきたのは、いつ頃の時代だったのだろうか。八世紀に書かれたチベットの仏教史『于闐国授記』によれば、于闐国が建国されたのは仏滅（釈迦入滅）後、二三四年のことであるという。しかし、仏滅には諸説があり、どの説をとるかで、于闐国の建国の年代が決まってくる。それでは一体、釈迦はいつ頃入滅したのだろうか。その主たるものを列挙すれば次の通りである。

（一）紀元前一〇二七年説（中国・中原仏教界）
（二）紀元前九六一年説（チベット）
（三）紀元前九四八年説（中国・法琳の説）
（四）紀元前五四四年説（東南アジア各国）
（五）紀元前四八六年説（点記説）
（六）紀元前四一五年説（ヨーロッパ）

第七節　于闐国（ホータン）は仏教と玉石の国

（七）紀元前三八四・紀元前三八六・紀元前五八七年説（日本）

一人の実在した人物の生存年が、早いものと遅いものでは、六〇〇年以上の間隔がある。古代インドは文字のない文明だったからかもしれないが、私は次のように考えている。

インドでは年に二回の雨期があり、古代インド人は一回の雨期を一年と計算していたようである。僧侶は雨期の間、一定期間一カ所で集団生活し、外出を避けて経典を読誦し、また坐禅をして修行に専念する。これを雨安居《うあんご》ともいう。そこでは一回安居すると、テキストに一つ朱点を施していた。中国の南北朝時代の南岳慧思大師《なんがくえしだいし》（五一五～五七七）はその願文において「正法《しょうほう》世に住すること五百、像法《ぞうほう》世に住すること一千載《さい》」と述べている。

釈迦の入滅年代の考察と于闐建国であるが、釈迦が入滅して二三四年たった時、初代の王は十九歳であり、三代目の王が即位して五年目が建国一六五年であるという。これでは各王の在位が長すぎて、単純に計算しても一六五年から三代目の王位の五年を減じて二等分すれば、在位期間は八十年となり、このことは実際には考えられない。中国の仏教学者の李吟屏《りぎんへい》は、『仏国于闐』（新疆人民出版社）においても、「是不可信的」（これは信じることができない）と記すなど、今日ではほとんどの学者が伝説に過ぎないとしている。

しかし、私はこの説は成立し得ると考えている。その理由として、算出年数をすべて太陽暦で判断しているところに根本的な誤りがある。古代于闐国は西北インドの文化圏の影響を強く受けており、言語・民族・風習などすべてにわたってインドを見習っていることを、出土する多くのカローシュティー文書の記述が明確に物語っている。なお、インド暦から太陽暦に変わる接点の地は洛陽であり、六七年、中国への仏教公伝の白馬寺説の時点が変換点と考えている。

『漢書《かんじょ》』列伝では、長安から于闐国までの距離は四〇一三キロ、戸数は三三〇〇、人口は一万九三〇〇人、そのうち兵隊が二四〇〇人いたという。また、美しい玉石を多く産出することも記している。

次に『後漢書』の于闐の条を見てみると、後漢に入ると急に人口が増加し、戸数三万二〇〇〇、人口八万三〇〇〇、勝兵三万余となっており、西域南道の強大なオアシスとして発展していることが分かる。一時期、西方に位置する隣国の莎車国《さしゃ》（ヤルカンド）の支配下に入ったことがあるが、のち、国威を回復して逆に莎車国を攻撃している。その後、于闐国は発展し、東は精絶《せいぜつ》（ニヤ）、西は疏勒《そろく》（カシュガル）までの十三カ国を支配下に置くという覇権を確立した。

于闐国の研究資料の初期のものとしては、六世紀に北魏の僧官の宋雲が書いた『宋雲行紀』が挙げられる。敦煌で生まれた宋雲は本土での修行を経て、神亀《しんき》元年（五一八）、洛陽を出発して天竺《てんじく》に向かった。途中、楼蘭《ろうらん》を経て于闐国に至り、そこでの滞在の所感

第七節　于闐国（ホータン）は仏教と玉石の国

熱瓦克仏寺遺跡出土の
4世紀頃の蓮華座仏像

于闐国の熱瓦克仏教遺跡の位置

が『洛陽伽藍《がらん》記』巻五にも収められている。

宋雲の記録では、于闐国王の王冠の形状が鶏の頭部に似ており、垂れ下がった尾状の形は正絹でできていたという。それは二尺もの長さがあり、装飾が施されていて幅は五寸であったという。また、儀仗兵は鼓を持ち、金属の楽器を所有し、長矛は五張、左右に刀を帯びた衛兵は絶えず約一〇〇人も従っていた。

女性は袖の短い単《ひとえ》の衣を着ており、馬に乗って遠く馳せ、あたかも男のようであったとある。住民が死ぬと火葬し、骨や灰を集めて埋葬し、その後に仏塔を立てて供養していたが、国王の死体だけは火葬をせず、そのまま棺に入れて郊外の砂漠の中に埋葬し、寺廟を建てて祭礼を行っていたという。

于闐国を訪れた唐の玄奘三蔵は、姓は陳《ちん》、名は褘《い》といい、六〇二年に河南省洛陽近くの偃師《えんし》県緱氏《こうし》村に生まれている。官吏の陳慧《ちんえ》の四男として生まれ、幼くして兄の長捷《ちょうしょう》が出家していたこともあり僧侶となった。

太宗の貞観《じょうがん》三年（六二九）二十七歳の時、国禁を犯して西域に出奔し、天竺を訪ねて、貞観十九年（六四五）に帰国している。玄奘三蔵の旅行記『大唐西域記』によれば、于闐国はインドの旅の帰途に立ち寄ったという。その于闐国の条の記述を略述すれば次のようになる。

（一）于闐国は、周囲約一六六〇キロある。土地は農作物に適しており、果実の種類

第七節　于闐国（ホータン）は仏教と玉石の国

も多い。また、毛織物を産出し紬織《つむぎおり》に巧みで、良質な白玉や黒玉を河川から産出する。

（二）住民は学問や芸術を愛好し、音楽を尊び歌舞を好んでいる。また、礼儀をよくわきまえ、性格は温順で、言語は東イラン語に属するコータン語である。文字や文法は、インドの言語に似ているが少し変化がある。

（三）毛織物や皮衣を着用する人は少なく、紬や白木綿《もめん》を着る人が多い。

（四）住民は大乗仏教を信仰し、伽藍《がらん》は百余カ所、僧徒は五千人余、伏闍信《ふくじゃしん》と称する王は深く仏の教えを信じ、自ら毘沙門天の後裔《こうえい》であると述べている。

（五）その昔、アショーカ（阿育）王の怒りに触れた臣下たちが、流民化してこの地に至り、中心者を立てて王（インド系）とした。同じく、東方の国からも帝王の子が流されてこの地に至り、自ら王（中国系）と称した。

（六）後日、二人は合戦をした結果、中国系の東方の王が勝利し、インド系の王は首を斬られた。やがて城ができ町ができて住民を安堵させた。毘沙門天から子を授かり、その子は成人するに及んで知勇兼備の王となった。以後、代々王位を継承し今日に至っている。

（七）国王は伽藍を建立し、真心をもって仏教を広めた。後日、多くの大寺院が建立された。

于闐国出土の
帝釈天の残像

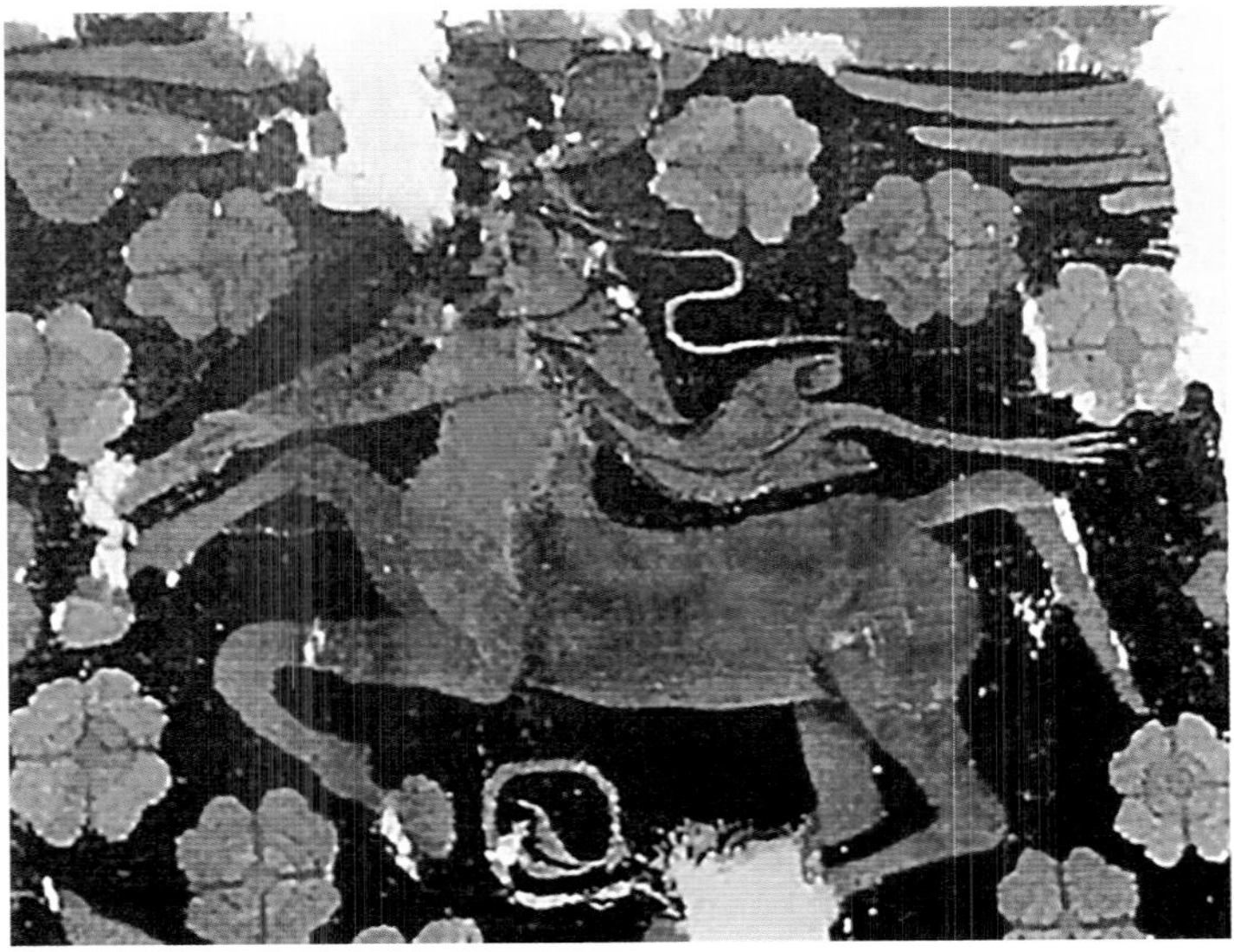

于闐国出土の人首馬身図

第七節　于闐国（ホータン）は仏教と玉石の国

于闐国出土の漢代（紀元前206～220）の双系陶器の壺

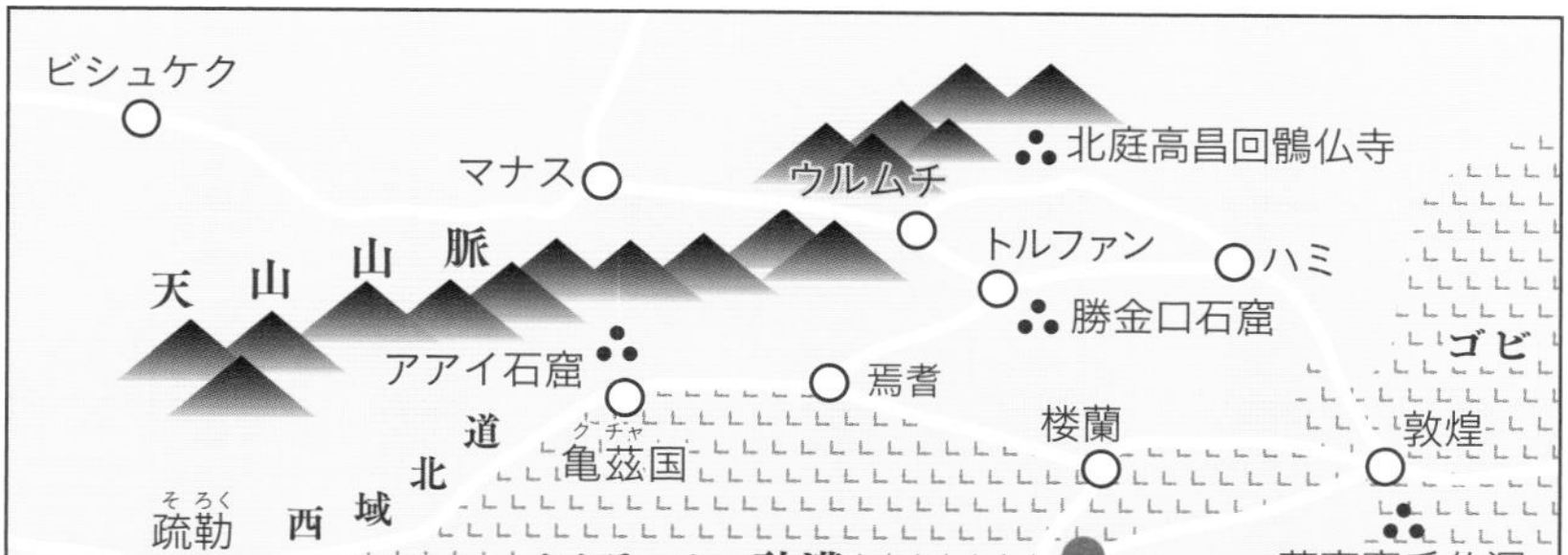

シルクロードにおける于闐国の位置

玄奘三蔵は「良質な白玉や黒玉を河川から産出する」と述べている。于闐国の玉《ぎょく》は、昔から「崑崙の玉」とも呼ばれた。玉は、王や貴族の権威の象徴として尊重され、その多くは于闐国産であり、原石は夏の増水期に、崑崙山中の雪解けの水と一緒に運ばれ、良質の白玉は、黄金と同じ値段で取引されている。

于闐国は、金・銀・銅・硝石・玉などの各種の産物に富み、住民は特に工芸技術に秀でていたために、裕福な人が多かった。また、『慈恩伝』に「俗は礼儀を知り、学を尚《とうと》び音韻を好む」とあるように、道徳的で文化的な生活を送っていたという。

于闐国の建国の伝説については、『慈恩伝』巻五に、国王の先祖はアショーカ（阿育）王の太子の拘那羅《くなら》であると記されている。また、天竺の宰相が于闐国までやってきた時、この土地は産物が豊かで樹木も繁茂しているので、王子と宰相は二人して于闐国を建設したという。また、チベットの王子が家来千人を連れて于闐国にやってきて永住したという伝説もある。

ところで、前漢の張騫《ちょうけん》が西域に赴いたのは、紀元前一三九年から紀元前一二六年のことである。張騫が帰国してから武帝に提出した報告書には、于闐国の仏教についてまったく触れていない。このことは、少なくとも仏教の伝来もしくは興起の時期を迎えていなかったことを物語っている。

一八九二年に于闐国のヨートカン遺跡の南南西六十六キロの石窟から、カローシュティー文字による「法句経」が発見された。これは一、二世紀頃に書写されたと認定され、

第七節　于闐国（ホータン）は仏教と玉石の国

現存する世界最古の写本仏典と考えられている。

于闐国の王城の西方一・五キロに、勃伽夷《ぼっかい》城がある。城内の寺院建立の由来の中で、仏像は罽賓《けいひん》国から伝来したと記しているが、これはガンダーラ美術の于闐国流入を示すものとして注目したい。パキスタンで花開いた紀元前後のガンダーラの仏教文化は、その後北上し一、二世紀頃には、インダス川上流のカシミール地方に移った。そのカシミールからパミール高原を越えて、仏像が于闐国に伝来したのである。

于闐国においては仏舎利だけでなく、釈迦の弟子の迦葉《かしょう》尊者の舎利を納めた仏塔が、城の西約四〇〇メートルのところに建立されていたという。東晋《とうしん》の『法顕伝』によれば、僧房をも有する荘厳な大寺院であったという。

近年、ホータンの円沙《えんさ》故城から、多くの仏教文物が出土している。この円沙故城は、ホータンの于田《うでん》県の北方二三〇キロに位置し、古代のクリア河の沿岸にある。故城の場所は東経八一度三四分、北緯三八度五二分、測定によれば、今から二一三五年前の城で、現存する新疆の故城では比較的古い遺跡である。

故城の周囲は約一キロの円形で、中心の城郭の一辺は四七三メートルである。城の南東には二つの大門があり、南門の規模はすこぶる大きく保存もよくて、その近くから六つの古墓と六つの建築遺跡群が発見されている。

于闐国と敦煌の文献上の交流については、ペリオ文書四六四〇の紙背から、光化《こうか》四年（九〇一）の三月十二日に于闐国の使者である梁名明《りょうめいめい》一行が、細紙を敦煌で購入したとの文書が初見資料と認定される。以後、九九四年までの九十三年間、長安に向かう于闐国の使者が立ち寄ったことも含めると、判明した古文書からだけでも公的使節は二十七回敦煌を訪ねている。

　唐代になると、貞観十四年（六四〇）に、安西都護府《あんせいとごふ》が吐魯番（高昌《こうしょう》）に置かれ、ほぼ西域を支配した。そうした治世にあって、于闐国は安西四鎮の一国となり、西域南道の重要なオアシスとして活躍している。しかし四九三年以後、ロプ・ノールの枯渇によって楼蘭の住民がいなくなり廃墟となると、シルクロードの中心ルートは西域北道に移ってしまった。さらには天山北路ルートも開かれ、西域南道を利用し、于闐国に来る旅人はほとんどいなくなり、東西交流の中継都市としての役目を終えて、単なる田舎町の一つとなり、小オアシスへと衰退していくのである。

　于闐国とガンダーラやカシミールをつないだ仏教拠点の一つとして、葉城《ようじょう》（カルガリク）の棋盤《キバン》千仏洞がある。仏教東漸《とうぜん》の初期の姿を今に伝える貴重な遺跡で、壁画の顔料や仏像の台座も残存している。現在、八窟あるが、タクラマカンから流れ落ちる流沙《りゅうさ》のため、まだ三分の二は砂の下に埋まっている。将来、砂を除去すれば、バーミヤンの影響を受けた絢爛《けんらん》たる仏・菩薩像や壁画が出てくると思われる。

　于闐国が、カシュガルから東進してくるカラハン王朝の軍と戦い始めた時期については、ペリオ文書によれば、開宝《かいほう》三年（九七〇）である。于闐王の尉遅輪羅《うっちりんら》が、敦煌の曹《そう》元忠《げんちゅう》に書を送り、カラハン王朝が攻撃してくるので助けて欲しいと、懇願している。流

第七節　于闐国（ホータン）は仏教と玉石の国

流沙に埋もれた棋盤千仏洞

沙の彼方の敦煌にまで援軍を求めたという事実は、相当の危急であったと推察される。それに対して敦煌が援軍を発したかどうかは、現存する資料を見る限りにおいては不明である。敦煌文書に全くそれらしき記述が見られないことは、援軍は送らなかったものと思われる。

カラハン王朝と于闐国との戦争期間は、援軍を求めた年を起点とするならば、三十九年間になる。孤独な砂漠の仏教王国が、三十九年間もイスラム教を信奉するカラハン王朝の軍隊と戦い続けたことは、西域仏教史においては極めて注目に値する。仏教守護のために王侯貴族も庶民も、そして僧侶も一体となってカラハン王朝と戦ったのである。

滅亡時のようすを『イスラム突厥《とっけつ》語大詞典』には、「寺院を破壊し、仏像の上に糞をかけた」と記している。今日、ホータン北方のタクラマカン砂漠にある万人塚は、仏教守護のために、己が信念を貫き生命を賭して戦った、于闐人の死体を大量に埋めた墓場である。戦いに敗れることの悲惨さを、歴史は事実をもって教示している。

第三章

中央アジアからインド・中近東・地中海へ

第一節

サマルカンドからメルヴを行く

中央アジアのキルギスには、唐の詩人、李白の故郷の砕葉城《さいようじょう》（トクマク）、すなわち、六世紀から十二世紀に栄えたアク・ベシム遺跡がある。城内からは、漢字が刻まれた多くの瓦が出土している。

唐の初め、長安の都での権力闘争に敗れ、遥か西方のキルギスまで逃亡した李一族が住んでいたのが、草原の町、砕葉城である。シルクロードのステップ路の中継貿易都市でもあり、唐の玄奘三蔵《げんじょうさんぞう》もインドに行く時に立ち寄っている。

砕葉城の近辺には、ゾロアスター教（拝火教）やマニ教やキリスト教の痕跡はなく、仏教遺跡のみが数多くあった。代表的なものは、砕葉城の西十一キロ、仏陀の横臥像があるクラースナヤ・レーチカ遺跡、薬師如来が大石に刻んであるイシク・アタ渓谷である。七五一年、五万人対五万人で戦った唐とアッバース朝、すなわち、仏教徒とイスラム教徒との大激戦があったタラス河の古戦場もある。

キルギスの西方のウズベキスタンには、李白が「胡姫《こき》の貌花《かんばせ》のごとし」と歌い、元《げん》稹《しん》が、「胡人《こじん》女を献ず　能《よ》く胡旋《こせん》す」と詠んだ胡人の故郷の一つであるサマルカンドがある。昔、イラン系のソグド（粟特《ぞくとく》）人が住んでいた町である。中国の史書『新唐書《しんとうじょ》』は、この町を「康国《こうこく》」と記している。

第一節　サマルカンドからメルヴを行く

イシク・アタ渓谷にある大岩
に刻まれた薬師如来図

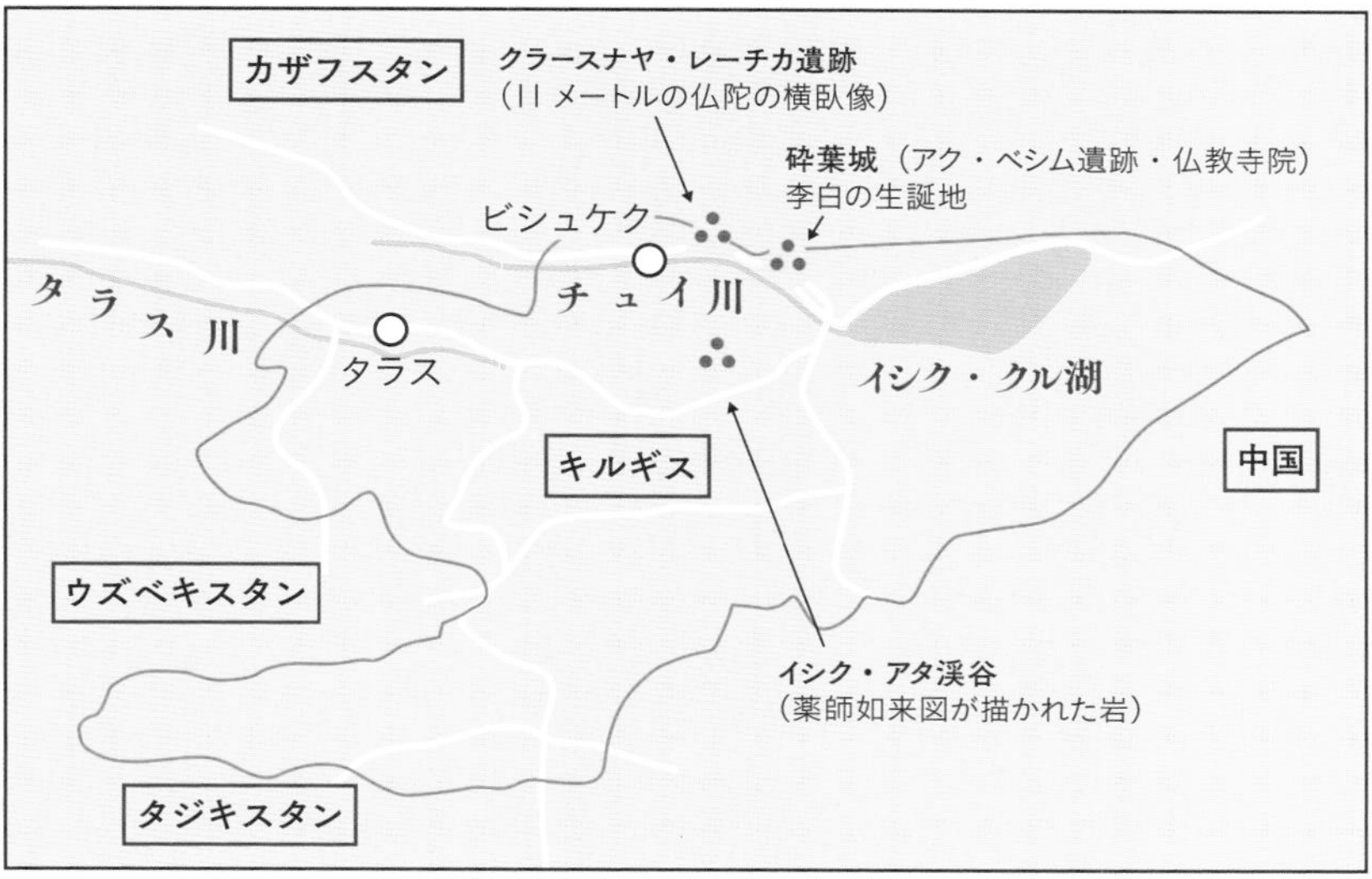

キルギスの仏教遺跡

ソグド人は隊商貿易で活躍し、ウズベキスタンのアム河とシル河に挟まれた地域を本拠地とし、ユーラシア大陸に広がる販売網を持っていた。中国では胡人や賈胡《かこ》などと呼ばれていた。敦煌《とんこう》の莫高窟《ばっこうくつ》から出土した「沙州敦煌二十詠」によれば、敦煌郊外に自分たちの宗教、ゾロアスター教の祠《ほこら》を建てて信仰を貫いていた。

ソグド人はゾロアスター教やマニ教を信仰していたが、ユーラシア大陸から移動しながら商売をしていた民族であったため、各地に宗教施設を持っていなかった。ただ尉頭《いとう》国や敦煌《とんこう》や米蘭《ミーラン》などには、小規模な祠を持っていたようである。

ソグド人は、七世紀から十世紀の間、世界各国に安城という居留地（集落）を持っていた。他からの攻撃に耐えられるように、一つの集落には約三〇〇人、多いところでは千人ほどが住んでいた。集落は倉庫にも情報拠点基地にもなり、また、宿泊施設にもなっていた。唐の玄奘三蔵は『大唐西域記』にその発展ぶりを、「住民は多く、異国の珍しい物品が多く集まっている」と記している。

ソグド人の本拠地サマルカンドは、八世紀にはアラブ、十三世紀にはモンゴルに破壊されている。しかし、十四世紀後半には復興し、その町の美しさから訪れたキャラバンを釘付けにした。十六世紀初頭までシルクロードの中心都市として栄え、その後、インダス川から黒海にいたる地域を領土にしたティムール帝国の都となり、そこでは、イランとトルコとモンゴルの芸術が融合した新しい文化が栄えた。

この時期、青タイルに彩られた建物が多く造られた。女性は赤・黄・緑の、まるで万

第一節　サマルカンドからメルヴを行く

華鏡のような極彩色の衣装を着ている。天空に屹立《きつりつ》するドーム、鮮やかな輝きを保つ工芸品、帝都に花開いた高度な文化の光彩、旅人はその美意識の中に異文化交流の輝きを垣間見たことであろう。

　サマルカンドを「青の都、東方の真珠」に蘇生させたのは、英雄のティムールであった。ティムールとその一族は、サマルカンドのグーリ・アミール廟に眠っている。

　サマルカンドのシンボルのレギスタン広場は美しく、中央の大建築ティラカリ・メドレセは一六六〇年に建てられたが、今なお威容を誇っている。「チンギス・ハンは破壊し、ティムールは建設した」と言われるのもうなずける。

　サマルカンドは、シルクロードのオアシス路（砂漠の道）の要衝《ようしょう》である。その繁栄の担い手はソグド商人であった。しかし、一二二〇年、サマルカンドがモンゴル軍の攻撃を受けた。町は徹底的に破壊されて、町に住む四分の三以上の住人が殺され、アブラシヤブの丘にあったソグド人の中心拠点は、無人の廃墟となった。

　歴史の町ブハラは「ブハーラー」とも言い、古代インドのサンスクリット語では、「僧院」の意である。中国ではブハラ出身の者は「安」の姓を名乗っていた。唐の安史の乱の時に、北京を中心として活躍した安禄山《あんろくざん》もブハラ出身である。彼らはウズベキスタン南部、およびタジキスタン地域からなるクシャン朝（貴霜）の支配に属していた。

　ソグド語写本文書の中からうかがえることは、ソグド人は主としてゾロアスター教を信仰していたが、中には仏教やキリスト教やマニ教を信じていたソグド人がいたことも分かった。ソグド人が多く住んでいたサマルカンドのアブラシャブ都城址から、菩薩像や仏教関係の遺物が出土している。敦煌やトムシュクでは仏教寺院の近くにゾロアスター教の寺院も並んでいた。中央アジアから新疆にかけては、宗教の自由があったのである。

ウズベキスタンのブハラのマゴキ・アッタリモスクを参観した時、現地の研究者は、「このモスクは建造してから一四〇〇年も経ったので、土台が腐敗し始めた。そのため修復作業を行っていたところ、地下から大型の仏教寺院が発見された」と話してくれた。私はさっそくモスクの地下を調査し、寺院の基壇部分を確認した。仏教寺院は景勝の地にあり、イスラム教徒は仏教寺院を破壊したあと、その上にモスクを造営したのである。

ブハラは、九〜十六世紀にかけて、サーマーン朝やブハラ・ハン国の首都として栄え、三百六十余のモスクや八十余のイスラム神学校があった。今も中央アジアにおけるイスラム教学の中心地として、宗教都市の性格を帯びている。この地方は、マケドニアのアレクサンドロス大王やモンゴル等の攻撃で、合計十二回にわたって建設と破壊を繰り返してきた。そのため遺構も年代ごとに重層的になっている。

出土する文物の文化層から分かることは、サマルカンドやブハラの仏教は、十世紀中頃に滅亡したことだ。七五一年、唐がキルギスのタラス川の戦いでアッバース朝に大敗してから、中央アジアにイスラム教が浸透する。しかし、仏教はタラスでの敗戦以後も、約二〇〇年にわたって中央アジアの各地に仏教寺院が残っていたことから、純粋に信仰

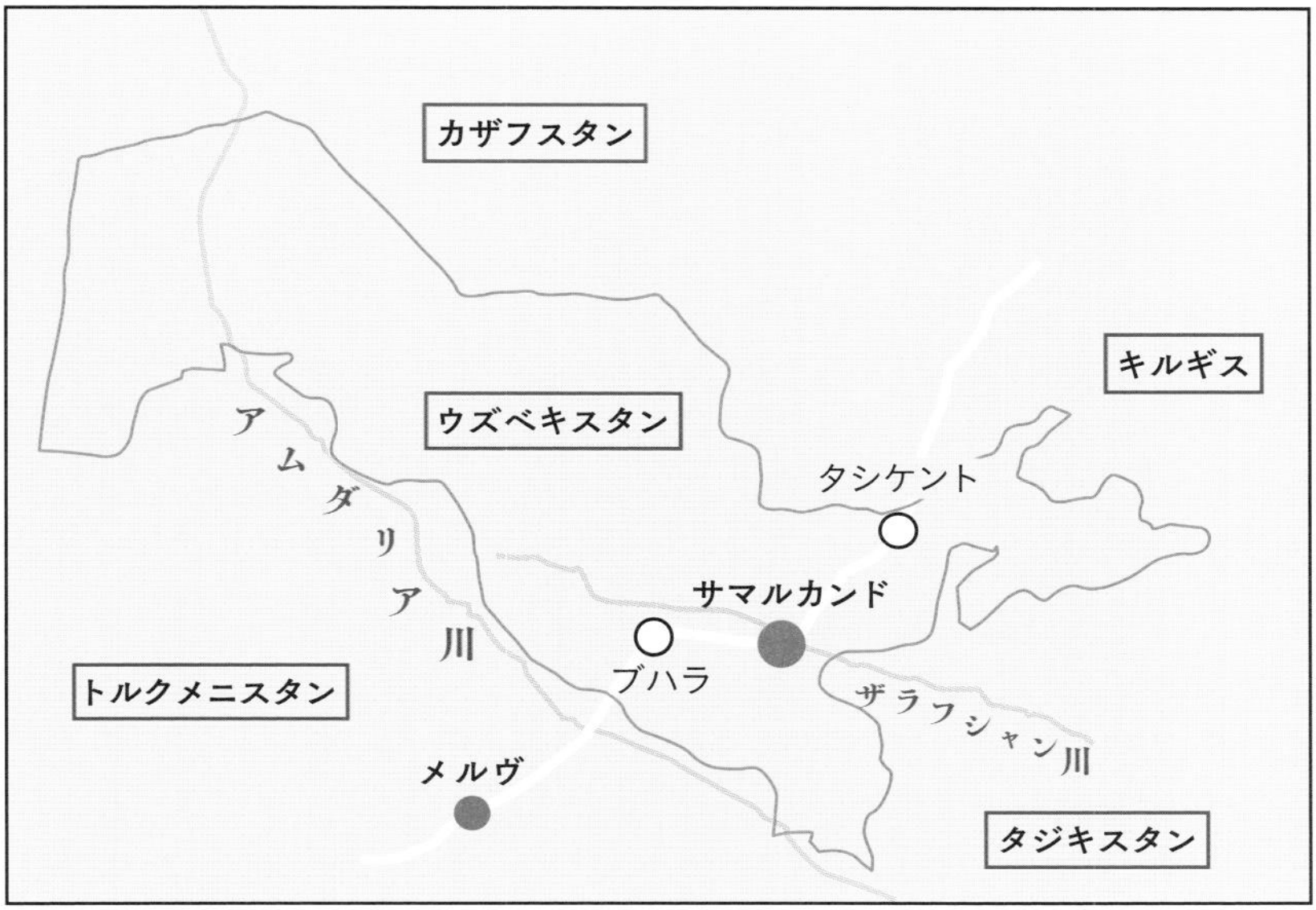

サマルカンドの位置

ティムールとその一族が眠るサマルカンドのグーリ・アミール廟

の灯を守り続けていたことも分かる。

この地に、イスラム教を信ずるウマイヤ朝が誕生してから、イスラム化が本格的に進んでいった。多神教を否定するイスラム教は、ゾロアスター教もマニ教もキリスト教も弾圧したので、この地からほとんど消滅していった。仏教徒には、税金という名のもと、経済的な締め付けをかけた。敬虔な仏教徒は貧しくとも仏教を守護し抜いたが、子から孫へと世代が推移するにつれて、いつしか信仰心も薄くなり、やがて仏教は自然に消滅していった。今日ウズベキスタン芸術研究所に展示されている二世紀から三世紀頃の菩薩像胸部、釈迦《しゃか》如来頭部、そして仏手断片や菩薩立像、塑像《そぞう》断片などから、三世紀から八世紀までの中央アジアの仏教の繁栄ぶりを見ることができる。

ウズベキスタンのサマルカンド、ブハラを経由して、アムダリア川を渡りトルクメニスタンのマーリに着いた。そこから東へ三十キロ、世界遺産メルヴ遺跡は流沙《りゅうさ》の中にあった。メルヴは、かつてシルクロードの重要な貿易中継都市として栄え、ペルシアと中央アジアの架橋として多くのキャラバンが往き交っていた。アケメネス朝、セレウコス朝を経てパルティア帝国からササン朝までのみならず、七世紀末にイスラム化したあとのセルジューク朝、サンジャール朝時代においても繁栄した。

セルジューク朝に建てられたスルタン・カラやサンジャール廟は、歳月による風化や地震にも耐え抜き、今日その建築技術の高さを見せてくれる。なお、数学史にもその名を刻んでいるオマル・ハイヤーム（一〇四八～一一三一）も、メルヴの天文台主任とし

第一節　サマルカンドからメルヴを行く

て活躍していた。

首都のスルタン・カラの東西には、キズ・カラと呼ばれる大小二つの城跡が残り、建設当時の高さは二十メートル近くあったと考えられる。凸凹の城壁に囲まれた城内は、幾つもの室に分かれ、王のスルタン・サンジャール（一一一八～一一五七）は、このキズ・カラの中で町の興隆を祝賀し酒宴を繰り広げていたという。

城壁に登って四方を見渡すと、王城を守護するかのように、外壁は高さ七、八メートルの長城で包囲されている。古跡累々として廟や丘陵が点在し、その彼方には放牧されている牛馬が、歴史の興亡とは無縁にゆったりと移動していた。

世界遺産にも登録されているマーリの郷土史博物館には、メルヴ遺跡の出土品が展示されている。メルヴ遺跡は中央アジア最大の仏教遺跡といわれるだけあって、ギャウル・カラ都城址を中心に、仏教関係の文物が多く出土している。たとえば、トルクメニスタン国立博物館には、メルヴ写本が入っていた彩画のある壺や、ガンダーラ仏の影響を受けた金箔の残る玄武岩の石仏もある。

メルヴの仏教寺院群は、風光明媚《ふうこうめいび》な高い丘の上にあった。仏殿の壁面を飾った煉瓦は緑色がまだ残り散乱していた。メルヴまで西伝した仏教が、急にこの地において流伝が中断したとは思えない。メルヴからは仏教関係の遺物が数多く出土するからである。

アシガバットの西約十五キロ、コベット・ダグ山脈の麓にはニサの遺跡がある。現地で出版された書籍に「仏教文化の影響を受けた文物が発見された」と記されている一文

ウズベキスタン南部、テルメズ郊外にある
ファヤズ・テパの遺跡から出土した三尊仏像

ギャウル・カラ都城址の近くにある小キズ・カラから見た大キズ・カラ。
かつては高さ20メートル近くあったと考えられる

メルヴ出土の首のない仏像

メルヴ写本「説一切有部」が入っていた彩画のある壺

を見つけた。それが具体的に何であるのかは記していない。もしもニサ出土の仏教関係の遺物であるならば、西方への仏教西伝の歴史を書き換えることが必要になる。

ところで、ガンジス川の中流域にはバラモン教や自然崇拝の民族宗教があったが、カースト制度を否定して興った仏教は、紀元前三世紀に出たマウリア王朝のアショーカ（阿育）王（在位紀元前二六八頃～紀元前二三二頃）の尽力により、世界宗教へと発展した。釈迦の説いた教えは、仏典の結集《けつじゅう》としてしだいに文献として整理されていった。しかし、当時の仏教伝持の主流は、師匠から弟子への口伝であった。釈迦滅後の約四五〇年後、ガンダーラ地方において文字として統一的に書写された。初めはガンダーラ語で書写されたが、後にサンスクリット語（梵語《ぼんご》）が主流となる。

ガンダーラでは経典が完成しただけでなく、仏像も誕生した。それ以前は法輪や菩提樹や仏足を拝んでいたが、初めて人間の形をした釈迦像や菩薩像が出現したのである。最初はギリシア風のガンダーラ美術であったが、各国に流伝するうちに、その地域の住民の顔によく似た仏像が造られるようになった。メルヴの仏頭や仏像も現地人の容姿が色濃く反映されている。

なお、メルヴから出土した仏頭は、イスラム軍の侵入を前に、現地の仏教徒が自ら仏像の首を切り落とし、土中に埋めて東に逃走したのである。いつの日か仏教が西還した時に、掘り起こして頭を祀《まつ》ろうとしたと思われる。そのため、目も鼻も耳も往時の姿をよくとどめている。

第一節　サマルカンドからメルヴを行く

一世紀から八世紀頃までの中央アジアの遺跡を調査していると、ダイナミックにして着実な仏教流伝のうねりがあることに気付く。それは、ガンダーラからメルヴへ、メルヴからブハラへ、さらに、サマルカンドからキルギスへの力強い奔流である。それはまた中国を経て、シルクロードの東の終着点、倭国（日本）へと連結していくのである。

第二節

釈迦《しゃか》の出生地と出家地を訪ねる

インドやネパールでは、近年、釈迦ゆかりの遺跡が発掘され、新しく博物館も建てられている。また仏教発祥の地として、改めて釈迦の寛容と慈悲と非暴力の源流に注目し始めている。

釈迦生誕の地とされるルンビニは、ネパールのタライ平原の小さな村である。釈迦の生母・摩耶《マヤ》は東方に位置するコーリャ族の出身で、シャーキャ（釈迦）族の浄飯王《じょうぼんのう》のもとに嫁いだが、懐妊し実家で出産することになった。実家までは約五十キロある。シャーキャ族の住むカピラ城を出発し、二十五キロほど進んだルンビニの村で産気づき釈迦を生んだ。産湯《うぶゆ》を使ったというプスカリ池が今も残っている。

マウリア王朝三代、アショーカ（阿育）王は、この地が釈迦の生誕地であることから租税を免除した。また、仏の教えなどの銘文が刻まれた高さ約九メートル、直径約九十センチの石柱を建てたが、十三世紀初めにイスラム教徒によって破壊され、文字は削り取られてしまった。

一八九六年、インド考古局のフューラーらの発掘調査隊は、紀元前六世紀頃からインドのほぼ全域で使われていた、ブラーフミー（ブラークリット）文字で刻まれた詔勅《しょうちょく》文を発見し、この地が釈迦の生誕地と認定した。現在は「ルンビニ釈尊生誕地聖域計画」

第二節　釈迦の出生地と出家地を訪ねる

釈迦が生まれてから出家するまで住んだといわれる、ネパールのカピラ城跡

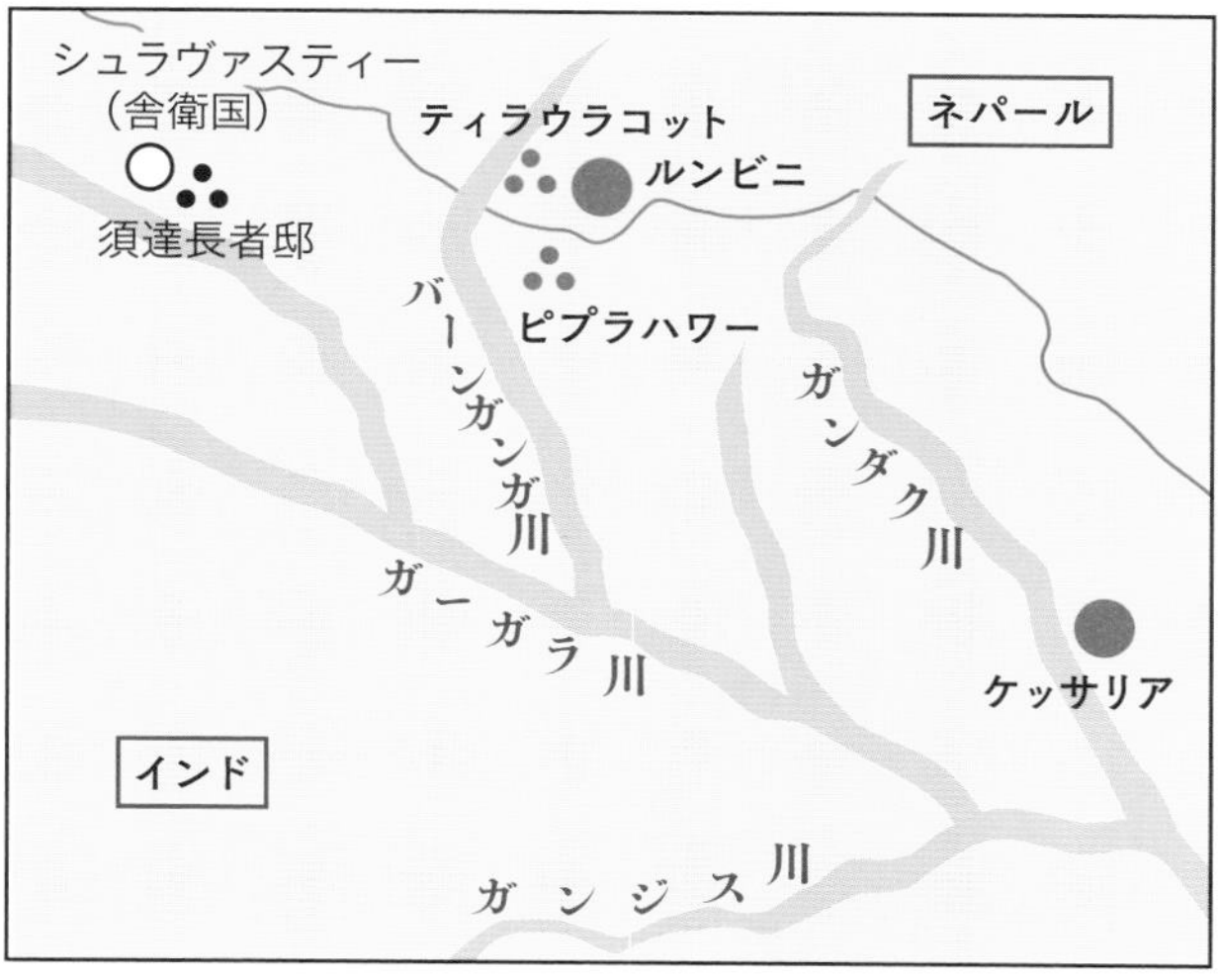

釈迦の2説の生誕地と出家地の位置

のもと、着々と環境整備が進められている。一九九七年に世界遺産に登録されたこともあり、多くの信者や観光客でごった返している。

釈迦が王子として暮らしたカピラ城の場所については、ルンビニから南西約二十キロにあるインドのピプラハワーと、ルンビニから西へ二十キロ、ネパールのバーンガンガ川の東岸にあるティラウラコットの二説がある。二〇一九年春、この二説の解明のため現地調査に入った。

ピプラハワーは、仏塔（ストゥーパ）を中心とした広大な僧院遺跡で、仏塔は煉瓦《れんが》を積み重ねた高さ約七メートル、基部直径約四十メートルのマウリア王朝時代の遺構である。雄大な墳墓《ふんぼ》の池水《ちすい》には蓮の花が美しく咲き薫っていた。南西約一キロには、ガンワリヤ遺跡の僧院跡がある。

一八九八年、イギリスの駐在官ペッペはこの地で墳墓を発掘し、「釈迦の遺骨を納める」と記されたブラーフミー文字の銘文入りの舎利壺《しゃりつぼ》を見つけた。その後、インド考古学者シュリヴァスタヴァが、二個の滑石製の舎利容器を発見し、これまで合わせて八個の舎利壺が確認されている。

一方、ネパールのティラウラコットの城跡は、南北五三〇メートル、東西四二〇メートルにわたって、幅約三メートルの塁壁《るいへき》に囲まれ、発見時は深い密林に覆われていた。

一八九九年、インドの考古学者ムケルジーは、この地から釈迦在世の時代を示す北方黒色磨研土器を発掘し、舗装道路や東西南北の門壁も発見した。銘文こそ出土していな

第二節　釈迦の出生地と出家地を訪ねる

いが、ティラウラコットがカピラ城である可能性が高い。

二〇一九年四月、釈迦が出家を志し自ら剃髪《ていはつ》して、王族の衣服から粗末な衣に着替えたケッサリア遺跡調査を行った。ここは仏教の四大聖地にも、八大聖地にも入っていないので、めったに人は訪れない。いわば忘れ去られた仏跡である。

ケッサリアはカピラ城から南東に約二〇〇キロ、インドのビハール州のガンダク川の東岸にある。釈迦滅後に小さな仏塔が建てられたが、仏塔が信仰の対象となったこともあり、六世紀頃、その高さは四十六メートル、直径一一〇メートルにも及んだ。しかし、仏教の衰退と十三世紀初めのイスラム教徒による破壊などによっていつしか忘れられ、樹木が繁茂する丘陵になってしまった。

イギリスの考古学者カニングハムは十九世紀末、このケッサリアの墳墓を発掘し二十七体の仏像を発見した。現在、遺跡は全体の三分の一しか発掘作業は進んでいないが、現地の住人は「保護のための柵もなければ、管理人もいない。ここは忘れられた聖地です。しかし、将来は必ず世界遺産になります」と、黙々と発掘を続けていた。

『平家物語』の一節、「祇園精舎《ぎおんしょうじゃ》の鐘の声、諸行無常《しょぎょうむじょう》の響きあり」で有名な祇園精舎（祇樹給孤独園精舎《ぎじゅぎっこどくおんしょうじゃ》）は、釈迦が多くの説法をした仏教の拠点であり、古代インドのコーサラ国の都、シュラヴァスティーにあった。この祇園精舎を寄進したのは、この地に住む、大富豪の須達《すだつ》長者（スダッタ）である。仏弟子となった須達長者は、私財を投じて祇陀太子《ぎだたいし》の園林を買い取って寺院を供養、祇園精舎と名付けた。

ケッサリアの大仏塔は、高さ世界一を誇る。当時の高さは46m、今は32.30m。
周囲は225m、仏像は27体出土した

ケッサリアの仏塔の周囲では、今もなお発掘が続いていた

第二節　釈迦の出生地と出家地を訪ねる

ガンダーラ出土の「祇園布施図《ふせず》」には、須達長者の釈迦を敬慕する姿が描かれている。今、主なき邸宅は二五〇〇年の歳月を経ても、まだその原形をとどめていた。

第三節

シリアの世界遺産、パルミラ王国の残影

シルクロードには三本の幹線道路がある。いわゆるステップ路（草原の道）、オアシス路（砂漠の道）、南海路（海の道）である。近年は山河の道（西南シルクロード）を加えて四本の道と言うこともある。私はこの四本の道を長い間調査してきた。どのオアシスにも独自の歴史があり、文化があり、人々の営みがあった。絶景がどこまでも続き、「月の沙漠《さばく》」の歌の世界そのものであった。竜巻、砂嵐、蜃気楼《しんきろう》さえも美しかった。

初めてパルミラを訪れたのは、二〇〇七年十月のことである。首都ダマスカスや旧都アレッポも、また、パルミラに住む住民も、みな平和を満喫していた。外国の女性が一人で夜のバザールを散策していても安全であり、商店街は明るい喧騒《けんそう》に満ちていた。

パルミラは、シリア砂漠の中央にあるオアシスで、ギリシア語の「ナツメヤシ」を意味する「パルマ」に語源を持つといわれている。また「タドモル」とも呼ばれていたが、これも古代セム語の「ナツメヤシ」から名付けられたという。

町の起源は古く、紀元前十九世紀から早くも集落ができていた。伝説によれば、パルミラはヘブライ王国のソロモン王によって建設されたという。

パルミラは、シリアのダマスカスの北東約二三〇キロに位置し、旧市街の遺跡は東西三キロ、南北二キロに広がる。紀元前一世紀中頃からシルクロードの商業都市として栄

第三節　シリアの世界遺産、パルミラ王国の残影

え、三世紀中頃に繁栄の頂点に達している。ペルシア文明とギリシア・ローマ文明と中国文明が、ダイナミックに交流した中継貿易都市である。一九八〇年には、世界文化遺産に登録されている。

民族や言語や宗教が違っていても、住民はパルミラの町を愛し、石柱に刻まれたギリシア語やパルミラ語の碑文、多くの彫像の生き生きした姿は、この地がロマンあふれる自由で平和なオアシスであったことを示している。

しかし今、国内は戦争によって破壊された建物が累々《るいるい》と横たわり、かつての繁栄の姿は見受けられない。道行く人はみな肩を落として徘徊《はいかい》しているようである。

歴史の町パルミラも、イスラム過激派組織ＩＳ（イスラミックステート）によって、多くの建築物が破壊された。ＩＳは多神教や偶像崇拝を強く否定している。時空の中に存在する被造物、神々の姿や曼荼羅《まんだら》等を祈念することを許さない。そのため、パルミラの旧市街に存在する神殿という神殿を憎悪し、主要な建物の多くを破壊した。古代ギリシアの神々を信仰する住民は現在では全くいない。だが、ＩＳは建造物があるだけでも目障りだったのである。

パルミラ王国が歴史の表舞台から姿を消した最大の要因は、ローマ軍との戦いに敗れたことによる。二六七年、パルミラの首長オダイナトが暗殺されると、妻のゼノビアは実子を王位に就け、自らは摂政として全権を掌握、実質的な女王として君臨した。支配地域を拡大するため周辺都市に進軍し、エジプトに駐留するローマ軍も打ち破っている。

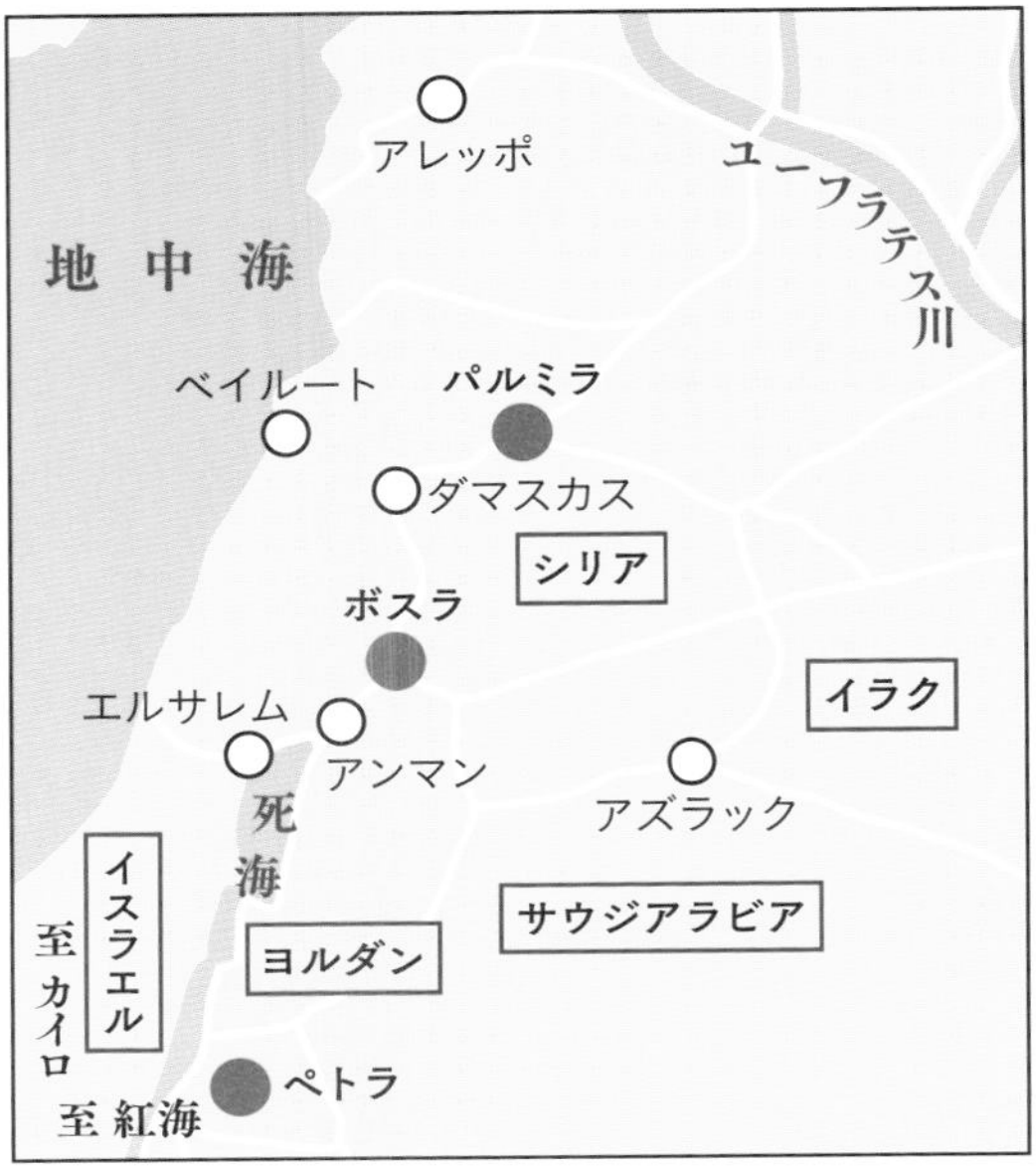

中近東（東地中海）の遺跡

凱旋門（記念門）と列柱道路

パルミラの野外劇場。観覧席は13段、舞台は幅48メートル、奥行きは10メートル余あった

ナボ神殿跡から見た列柱道路

そのため、ローマ皇帝のアウレリアヌスは、大軍を率いてパルミラを攻撃、二七二年ついにゼノビアは捕らえられ町は破壊された。「一国は一人によって栄え、一人によって滅ぶ」と言われるように、流沙《りゅうさ》に咲いた一輪のバラのような王国も、一人の女性の限りなき驕《おご》りと欲望によって幕を閉じたのである。その後、パルミラは著しく荒廃が進み、歴史の表舞台から姿を消し、人々から忘れられていった。

一〇八九年、パルミラ地方に大地震が起きた。ローマ軍はパルミラ破壊の時、戦後に将軍や兵士たち駐留軍が住むための家を残しておいたが、それも瓦礫《がれき》の山と化した。パルミラは神殿の壁面と列柱と四面門、凱旋門と円形劇場を残すのみとなってしまった。

さらに、二〇一五年八月下旬から始まったＩＳによる大破壊では、ローマ時代の建築様式を今に伝えるベール神殿やバールシャミン神殿、二千年の風雪に耐えてきた凱旋門の美しい文様《もんよう》も、アーチと共に吹き飛んでしまった。

今、ＩＳによって徹底的に破壊された神殿や石柱の無残な姿を見るにつけ、心が傷んでならない。パルミラの旧市街とその周辺には、今も地雷が約三千個埋まっているという。

パルミラには、平和な時代に二度訪れ、栄華の跡を撮影した。遺跡を元通りに修復するのは不可能であるが、仮に将来ある程度の形に復元する場合に、写真を役立たせることができる。

往時のパルミラは、現在の三倍以上の広さがあったという。今まで訪ねた楼蘭《ろうらん》や

第三節　シリアの世界遺産、パルミラ王国の残影

吐魯番《トルファン》や疏勒《そろく》の古代遺跡は、ほとんど日干し煉瓦《れんが》で作られていたので、今では大部分は土に還《かえ》っていた。しかし、パルミラの建造物は石造り遺構であるので、長い歳月を経ても当時の有様を彷彿《ほうふつ》とさせる。

私はまず、凱旋門や、コリント式の一五〇本余の列柱と、石柱に刻まれた文字を調査した。次いで、三二年に創建されたベール神殿の建築様式を調べた。入り口に倒壊した大きな石柱があったので、その下にもぐりこみ、砂の上に寝転んで柱の裏面を見たところ、幅一メートル、長さ三メートルほどにわたって彩色された浮彫があるのに気付いた。それは、翼をもった少年が、今まさに天馬に乗り移ろうとする姿で、その躍動感に満ちた作品に心打たれ、砂ぼこりにまみれ横たわりながら何枚も写真を撮った。住宅街や劇場や水道管などもカメラに収めた。

墳墓《ふんぼ》の装飾浮彫は芸術性があり、一八〇〇年前に彫られたとは思えない。パルミラ王国の文化水準の高さをよく示していた。

私が大阪教育大学に勤務していた時、イスラム世界からの留学生を数多く研究室に受け入れ、心を込め指導した。最初のうちは、時間がくれば研究室の前の廊下でひざまずいてお祈りをする、飲酒しない、豚肉は絶対に食べない、日曜日には神戸のモスクに行く等々、みなイスラム教への強い信仰心のある青年たちであった。

しかし一年ほど過ぎた頃、その学生たちは異口同音に次のようなことを言うようになった。「先生、僕たちは子どもの頃、新疆《しんきょう》にある石窟寺院の中の仏や菩薩や壁画に向か

ベール神殿
本殿の壁面と
石柱

倒壊した
ベール神殿の
柱の装飾

地下墓室から出土したパルミラの貴族像。2世紀の作

103年に建立されたエラベール家の塔墓の内部、天井はコリント式の柱頭に支えられている。格子状に区画され、白磁に青色のバラ形装飾がある

って、ドロ饅頭を投げつけて遊んでいました。しかし、いま日本に来てこれらが人類の貴重な遺産だと知り、大変なことをしていたと、今になって後悔しています」と。

教条主義や原理主義の彼方には自由や平等はなく、寛容性や対話によって、共生の道を探求しようという生命の姿勢は希薄である。共存のためには、心開いた誠意あふれる対話を粘り強く持続していくしかない。

思えば、人類は、文明や文化の創造者であり、その変遷の流れの根底には、「互いに人間である」との共通点を見出そうとする無意識の潮流があった。輝けるシルクロードの時代には、こうした考えが民衆の心に浸透していた。ゆえに、シルクロードは二千年にわたって平和の光彩を放つことができたのである。

今後、人間主義の英知をもって過去の歴史を照射し、そこから未来への指針を学ぶならば、人類は必ず宗教的差異を乗り越え、平和で幸福な人間賛歌の歴史舞台を構築できると確信している。

第四節

ボスラ・ペトラ・ペルセポリスの興亡

シリア砂漠の中央に位置するパルミラ遺跡と、その北東のアレッポの調査を終えて、ダマスカス南方一三〇キロのボスラの町を踏査《とうさ》したのは、二〇〇七年十月のことであった。

ヨルダン国境から約四十キロ北にあるボスラは、シリア南部のハウラン地区の中心都市である。エジプト第十八王朝（紀元前一五七〇～紀元前一二九三）の頃は、ブラナスと呼ばれ、遊牧民出身のナバテア人の一大拠点であり、キャラバンサライ（隊商宿）としても繁栄していた。

紀元前四世紀、アレクサンドロス大王の東方遠征の時、ボスラはその支配下に組み入れられた。また、オリエント地方に築かれたセレウコス王朝（紀元前三一二～紀元前六三）の軍門に下ったこともある。紀元前一世紀、ナバテア王国の北都となると、シルクロードの要衝《ようしょう》の地であることから、東西交易の中継都市として栄えることになる。

一〇六年、ローマ帝国のトラヤヌスの軍がシリア南部からヨルダンに来襲し、ナバテア王国は滅亡した。しかし、ボスラはローマ帝国の翼下《よくか》に入り、アラビア属州の州都として賑わいを見せ、次のハドリアヌス帝（在位一一七～一三八）になると、さらに町は経済力が向上し繁栄した。このローマによる平和な統治の時代に、シタデル・ローマ劇

2世紀後半に造られたボスラのローマ劇場

ボスラのローマ劇場の上から落とす石弾

場が完成した。座席は三十七段、半円形舞台の幅は一二〇メートル余もあり、五千人の観覧席と三千人の立ち席がある。建築技術の優秀さもさることながら、音響が優れているので、今でも演奏会などでよく使用されている。

堀橋を渡って正門から劇場内に入り、一階の回廊から最上段まで、黒茶色の玄武岩が積み重ねられた堅固な石段を登った。劇場というより、その重層さは難攻不落の一大要塞といった印象であった。

屋上に出てみると場内が一望でき、ローマ時代の浮彫（レリーフ）や石柱や人物像等が八十余点展示されていた。その中でも特に注目されるのは、百個余りの直径三十センチはあると思われる投石用の石弾である。

この石弾は、イスラム軍が十字軍の遠征に備えて、十二世紀前半に設置したものだという。攻め上ってくる敵軍に対して、三十メートル余の屋上から転げ落とすというものであり、その破壊力は想像を絶するものがある。

ウズベキスタンのサマルカンドやブハラの諸城を調査した時も、同じように屋上に石弾が山積みにされているのを見たが、いずれも直径二十センチほどであり、三十センチのものは見たことがなかった。

ボスラの市街地に入り、まずローマ帝国時代に造営された大浴場跡に向かった。入り口に通じる石畳の列柱の道路の幅は約六メートル、両側に高さ約七メートルのグレコ・ロマン風の円柱が整然と立ち並んでいる。いずれの柱にも上部には植物模様の彫塑《ちょうそ》が美

第四節　ボスラ・ペトラ・ペルセポリスの興亡

しく残っていた。

大浴場は外の小道から着替え場に続いている。そして七十人前後が一度に利用できる洗い場と大きな湯船があり、浴場の高さは、屋根は朽ち果てているとはいえ、石柱はまだ十メートル余りはある。大浴場は南部の傾斜を利用して湯を流し、石畳で組んだ湯道も確認できる。その設計の精巧さに驚き、古代ナバテア人の建築技法の高さを思いやった。

市街地をくまなく巡り歩いてみると、ビザンチン様式の家が建ち並び、往時の建物の中には灯りがともり、今なお人々が生活しているのには驚嘆した。煉瓦の一部を切り取って石段の上の飾りにしたり、植木の台にして使っている。まさに古代と現在が混然と調和して息づいているのである。

広場に出てみると、数人の子どもが、私のもとに駆け寄ってきた。突然の東洋人の来訪に大喜びしている。一人ひとりの髪や目の色、そして肌の色の違いは、この町が民族の十字路であったことを如実に証明している。

夕刻、六時を迎えた頃、夕陽は孤城に美しく輝き、アーチ型の城門は真っ赤に染まった。その日は満月だった。廃墟に浮かぶ明月は白くて美麗、ローマ時代の住人もこの満月を眺め、町の繁栄を喜び人生を謳歌していたことであろう。まさにボスラは悠久の時を経ても、今なお歴史の光芒《こうぼう》を発散する人間賛歌の歴史舞台であった。

地中海東岸から内陸部にかけて、古代都市が分布している。ペトラの北五キロにある

ヨルダン北部にあるジュラシュの大遺跡

乗客を探すペトラ遺跡の少年

ヨルダンのペトラ遺跡
エル・カズネ

ペトラ遺跡への
断崖の道

ナバタイの遺跡群、ヨルダンの首都アンマンの市街中心部に位置するアンマン城塞、ヨルダン北部のジュラシュ遺跡などである。これらの都市は、シルクロードの交易路と密接に関係している。ローマ帝国との勢力関係や異民族の侵入などによって、その都市の興亡は時代とともに複雑な様相を呈して推移している。

そうした中、ひときわ異彩を放った隊商都市がある。ヨルダンの首都アンマンから一九〇キロほど南の山岳地帯の、ピンク色の砂岩の中に掘られたペトラ遺跡である。ペトラとは、ギリシア語で「崖」を意味する。アカバ湾と死海の中間点に位置し、死海からは約八十キロの奥深い渓谷にある。

先住民族のエドム人を南に追いやったナバテア人は、砂漠を越えてやってきたキャラバン隊の中継地にふさわしい首都であるペトラを、砂岩山の真ん中に築いたのである。ギリシア・ローマ時代には、オリエント（西アジア）との交易を独占した。地中海と紅海との間に立つこの町を、貴重物質の相場を決める一大商品取引所に育て上げたのである。

大雨によって濁流と化す渓谷にダムを設置し、町に水道管を張り巡らして給水システムを完備させた。また、岩を削って祝宴用の大広間を造ったり、死者を祀《まつ》る壁龕墓《へきがんぼ》の建造もしている。精神の尊さや宗教的美意識を形で表現し、大神殿や荘厳な建築物を構築したのである。

ペトラのナバテア人は、元来、ペトラ周辺を拠点に活動していた西アラビアからやっ

第四節　ボスラ・ペトラ・ペルセポリスの興亡

てきた遊牧民であった。キャラバン貿易によって莫大な富を形成し、ペトラに先住していたエドム人を排除して定住生活を営むようになり、紀元前一六八年に王国を築いた。人口も二十万人を超え、東方からの絹・香料・嗜好品を、中近東のワイン・ガラス製品・ブロンズ製の像などと交換することで巨万の富を成し、キャラバン貿易の隊商路に沿う形で領土を広げていった。王家の宝物庫とその壮大なファサードが作られたのは、アレタス四世（在位紀元前九〜四〇）の時代と言われている。

紀元前二世紀から三世紀後半、アレクサンドリアの彫刻家やギリシアの建築家を雇い、ラクダ飼いの町であったペトラを美しい町に育てた。円柱とコリント式柱頭、トロス（円形建造物）やペディメント（三角形）の切妻で高いファサードを飾った。一世紀頃に隆盛期を迎え、アレタス四世の時代には、その領土は最大となり地中海から南アラビア海に至っている。だが、六三年にローマの猛攻撃を受け、さらに一〇六年には、ペトラも占領されてアラビア州に併合されてしまった。

ローマの支配下にあっても、ペトラはその位置の重要性から発展を続けていたが、三六三年、この地方に大地震が発生し、隊商都市としての機能は停止してしまった。やがて町は放棄され歴史の表舞台から姿を消し、その位置すらも分からなくなってしまった。

一八一二年、スイスの探検家ヨハン・ブルクハルトによって町が発見され、一九五八年にイギリスとアメリカの合同調査隊によって本格的な発掘がなされ、その全貌が明ら

ペルシア産のガラス杯。シルクロードを経て、遠く日本にまで伝来した

ペルセポリスの石柱の浮彫

ペルシア王ダレイオス大王の浮彫

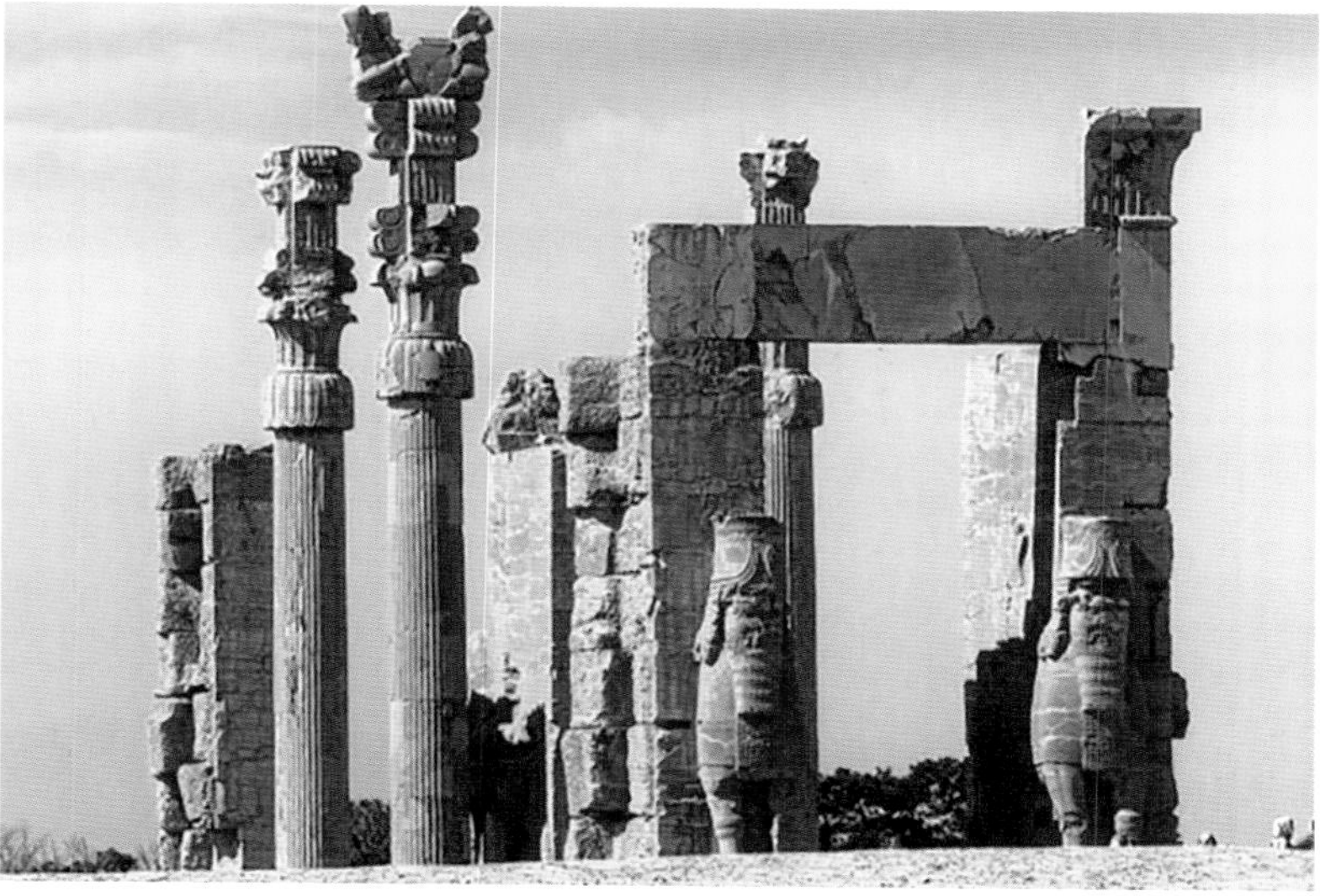

「諸国民の門」。ダレイオス1世が着工し、クセルクセス1世が
完成させたので、「クセルクセス門」ともいう

かになった。

砂岩の岩肌を彫って造られた宝物殿、エル・カズネの高さは四十三メートル余もあり、入り口の幅は三十メートル、王国の国威を象徴する建造物である。高殿は古代ギリシア建築の影響を受け華麗であった。内部に入ってみると、石柱や壁の細部まで美的な感性がみなぎっており、一七〇〇年前の活気に満ちたナバテア人の喧騒《けんそう》が胸中に響いてくるようであった。廃墟の中に佇《たたず》むと、文化や文明は歳月を積み重ねるだけでは、決して発展しないことを改めて思い知らされた。

ペルセポリスは、イランのファールス地方の中央部、州都シーラーズの北東に位置し、メルヴ・ダシュート高原を見下ろせる位置にあった。紀元前五一三年にダレイオス一世（在位紀元前五二二～紀元前四八六）によって建築が始まり、クセルクセス一世（在位紀元前四八六～紀元前四六五）と、アルタクセルクセス一世（在位紀元前四六五～紀元前四二四）によって完成している。城内に入るには、大階段を上がり、「諸国民の門」と呼ばれる前門を通らなければならない。門の入り口には空想上の怪物の石像が左右に置かれている。

正月の儀式用の建物の中で、外国からの使者が並ぶようすが、謁見の間（アパダナ）に浮彫で描かれている。ダレイオス一世が作らせたもので、一二〇メートルもの長さがある。宮廷儀式が執り行われ、各国の使者はペルセポリスに来て、ペルシア大王の前で平伏するのが慣わしであった。貴重なガラス碗を持って並んでいる回廊の浮彫も圧巻で

第四節　ボスラ・ペトラ・ペルセポリスの興亡

ある。

謁見の間の前面には柱廊付きの回廊があり、三十六本の石柱が天井を支えていた。紀元前三三一年にペルセポリスを攻略したアレクサンドロス大王は、一説によると、宮殿を残すことで民衆や諸国の支配者たちに、ペルシアへのノスタルジアを抱かれるのはまずいと考え、焼き払ってしまったと言われている。今日、ペルセポリスには焼けただれた石柱の一部や、壁面が若干残っているだけである。

ペルセポリスはイラン最大の遺跡で、シリアの「パルミラ遺跡」やヨルダンの「ペトラ遺跡」とともに、中東の三Ｐ遺跡とも呼ばれており、一九七九年に世界遺産に登録されている。

私たちの調査に随行したイランの学芸員は、テヘランで一枚の模造紙大の歴史地図を見せてくれた。それはササン朝ペルシアの版図を美しい色で示した地図であった。そして、「私たちの先祖はエジプト、シリア、ヨルダン、トルコ、イスラエル、レバノン、サウジアラビア、ギリシア北部を支配した一大強国だったが、今はイランだけの小さな国になってしまった」と嘆息している姿が印象的であった。

そのようすに接し私は、人生にとって生老病死が避けられないように、一国の栄華もまた、盛者必衰の理《ことわり》から逃れられないと思った。

第五節

マケドニアのペラからローマへ

古代マケドニア王国の都ペラは、アレクサンドロス大王の出生地である。彼が生まれた王宮跡には今でも多くの石柱が林立し、二三〇〇年前に敷きつめられた美しい文様の石畳は、鮮明に夕陽に輝いている。転倒した石壁の間からは、紫や黄色の草花が乱れ咲き、主なき古城を慈しむかのようであった。ペラ遺跡に立ってみると、輝かしい戦果を収めて凱旋《がいせん》する若きアレクサンドロスの雄姿が頭をよぎる。

アレクサンドロスは紀元前三五六年、マケドニア（ギリシアの北部）のペラの王宮で、父の国王フィリッポス二世（在位紀元前三五九～紀元前三三六）と、妃オリュンピアスの王子として生まれた。マケドニアがギリシアの諸都市を服属させ、王国が発展していた時期である。

アレクサンドロスは生まれながらにして類《たぐい》まれな才能を持ち、幼くして文武の二道に精励し、のちの東征の精神的基盤をこの少年時代に構築した。十三歳の時、帝王学を身に付けるため、哲学者アリストテレスが招かれた。首都の喧騒《けんそう》から離れるため西へ四十キロ、ミエザの学問所で学友たちと三年間にわたって、ギリシア文化をはじめ学問全般を学んでいる。のち、東方への遠征の折、無謀な行動を取らなかったのは、アリストテレスの教育の成果といえる。

第五節　マケドニアのペラからローマへ

アレクサンドロス大王の生誕地、ギリシアのマケドニア地方にあるペラ遺跡

ギリシアのテッサロニアにある
アレクサンドロス大王の勇姿の像

十六歳の時、ミエザからペラに帰り、遠征中の父王に代わって、摂政としてマケドニアを統治した。折りしも、ギリシア諸国とのカイロネイアの会戦では、左翼騎兵部隊を率いてマケドニアを勝利に導いた。二十歳の時に、父王が側近の護衛官に殺されると、すぐに国王として即位する。

紀元前三三五年、コリントスで開かれた同盟会議で東征を決めると、ギリシアと小アジアの間のヘレスポントス海峡を渡り進軍を開始した。出発に際しすべての財産を部下に分け与え、後顧の憂いをなくしての出陣であった。

イッソスの海戦でアケメネス朝ダリウス三世のペルシア軍を破り、紀元前三三二年にはエジプトへ侵攻、ナイル川のほとりに自らの名を冠したアレクサンドリア市を建設している。

紀元前三三一年、ユーフラテス川、チグリス川を越えたガウガメラでペルシア軍と再戦し、四倍以上の大軍を七千騎で打ち破った。多くのペルシアの将軍たちは降伏の意を示した。アレクサンドロスはそのほとんどを受け入れ、その土地の執政は土地の太守に引き継がせ、土着の文化や宗教についても尊重し、以前の地位と領土を保証している。まことに豊かな寛容性を持っていたと言わざるを得ない。

翌年には、ペルシアの都のペルセポリスを占領し炎上させている。ダリウス三世は、妻や子を残したまま東に逃亡、アレクサンドロスはその妻子を保護し、大切に扱った。のち、ペルセポリスから逃げてダリウス三世のもとに至った家臣に、王は、「私の妻子

第五節　マケドニアのペラからローマへ

はどうなっているか」と尋ねた。家臣は、「今まで通りの生活をし、大切に保護されています。アレクサンドロスは指一本触れていません」と報告した。ダレイオス三世はその報告を聞き、涙を流して「私の死んだ後は、アレクサンドロスこそが継ぐべきだ」と叫んだと言われている。

ペルシア全域を征服した後、ヒンドゥクシュ山脈を越え、東に向かいウズベキスタンのサマルカンドを支配、ソグディアナへ北進する。しかし、地元民の反抗が激しく、ポリュティメトス川の戦いで敗北した。その後、進路を南に向け、バクトリア（今のアフガニスタン）に進攻、さらに紀元前三二七年、インダス川を南下、ガンダーラからパンジャブ地方に入っている。

この地方を統治していたポロス王は、二〇〇頭の象軍団をはじめ、騎兵など総勢三万で待ち構えていた。アレクサンドロスは、卓越した作戦で勝利したものの被害も大きかった。兵士は一万六千キロ以上の進軍をしてきたので、疲れ果てて士気は落ちていた。併せてマケドニア将校の、さらなる東征への不満と拒否にあい、インダス川の東まで領有した時点でやむなく帰還の途につく。アラビア海方面に出てからバビロンに戻り、紀元前三二三年、この町で新たな遠征への出発を目指していたが、熱病に罹《かか》り死亡、疾風怒濤のような三十二年の生涯を閉じている。彼の死後、将軍たちは権力闘争の果てに、マケドニアとシリアとエジプトの三大国に分割統治することで一致した。

紀元前三一〇年頃、マケドニアの統治を任されたアレクサンドロスの将軍だったカッサンドロスは、自らが帝王に就く野心を抱き、アレクサンドロスの息子の若きヘラクレスを王城の外に誘い出して、岸辺から突き落とした。重い鎧を着ていたヘラクレスは水死した。事故死として厚い葬儀を終えたのち、カッサンドロス（在位紀元前三〇五〜紀元前二九七）は、アンティパトロス朝の初代のマケドニア王になる。アレクサンドロスの血統は、ここに断絶した。濃い緑の萌える土手に挟まれた幅十メートルにも満たない川には、人間の欲望とは無関係に清らかな水が今も何も知らぬげに流れていた。

アレクサンドロスは征服した各地に、アレクサンドリアと名付けた町を建設している。これらはギリシア文化の東漸《とうぜん》の拠点となり、ヘレニズム文化の形成に大きな役割を果たした。中でも西北インドには、次々とギリシア人が王国を築いていった。ギリシア人は土着の文化を排除するのではなく、融合・調和させていった。その結果、東西文化を共存させ、新しい文化を生み出し発展させたヘレニズム文化が誕生した。

バクトリアの王でインドに移ってきたミリンダ王（メナンドロス）は、仏教の哲理に感銘し仏教徒になってその保護に力を注いだ。なお、仏教の長老とミリンダ王との問答は、仏教とギリシア思想の交流の記録として漢訳され、「那先比丘経《なせんびくきょう》」として日本にも伝えられている。また、貨幣にも表にギリシアの神像、裏には仏教を象徴する法輪を刻んでいる。

インダス川の流域にクシャン朝が誕生し、カニシカ王を中心として一世紀から二世紀頃、アレクサンドロスによってもたらされたギリシア彫刻の影響を受け、仏像が生まれ

第五節　マケドニアのペラからローマへ

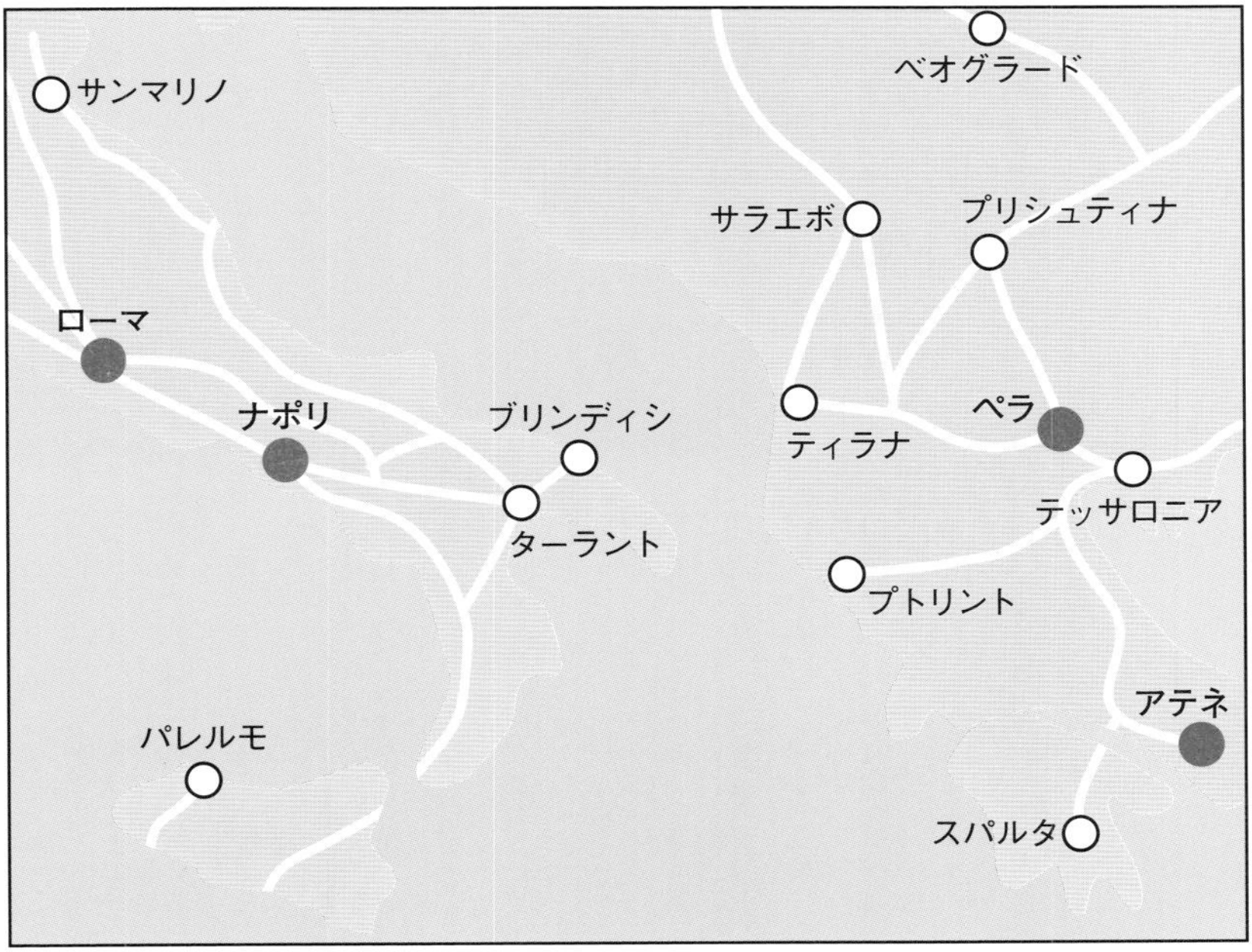

ギリシア・イタリアの遺跡

た。やがて仏の姿を形で表した仏像は、シルクロードを経て中国へ、そして日本へと伝えられている。

　思えば、アレクサンドロスの波乱に満ちた三十二年の短い生涯からも、友情や希望、勇気や信念の大切さを学ぶことができ、汲めども尽きぬ歴史ロマンだけでなく、今に生きる人生の指針を汲み取ることもできる。

　アレクサンドロスの東征の目的の一つに、インドの思想や宗教に対する欽仰と、世界を争いのない平楽土郷にしたいという夢があり、人類の幸福を希求する無意識の潮流が脈動していたと思われる。彼の死後五〇〇年、シルクロードに自由往来が確立し、中国の絹はローマに至っている。

　イタリアの旅では、まずローマのパンテオン神殿を参観した。紀元前二七年から紀元前二五年にかけて、長方形の神殿が建てられた。多神教の古代ギリシア・ローマでは、万神殿の意で、様々なローマ神を祀《まつ》るパンテオンと呼ばれた。八〇年に起きた火災のあと、ドミティアヌス帝によって再建され、次のハドリアヌス帝の治世下、一一八年から一二五年に改修された。

　次に訪ねた高さ約五十メートルの堂々たる円形劇場コロッセオは、五万人の観客を収容でき、中では剣闘士と猛獣の戦いが繰り広げられた。そのほか、カラカッラ浴場、アウグストゥス墓陵、トラヤヌスの市場、フォロ・ロマーノなどローマの興亡を彩る遺跡の数々を巡った。

第五節　マケドニアのペラからローマへ

そうした中、特に印象の深かった場所が二つある。一つ目は、ローマの国立博物館マッシモ宮である。中に眠る一八〇〇年ほど前の八歳前後の少女のミイラは、身長一二〇センチ、体重四九六〇グラムで頭髪も残っており、透明な長方形の棺の中に横たわっていた。当時、ローマとエジプトはダイナミックに交流しており、若くして死んだ娘を愛しく思うあまり、エジプトの永遠の生命観に基づき、ミイラ化したと思われる。

少女のミイラは、一九六四年二月に建設作業員によってローマの北十四・五キロにあるグロッタロッサという町で、大理石でできた墓から見つかった。医学や考古学の観点から、死因や年代測定などが行われ、その結果、ミイラは二世紀のもので、中国の絹の布地をまとっていることが判明した。さらに、副葬品としてラピスラズリの首飾りやインドの象牙でできた人形や、サファイヤの付いた金の首飾りも出土し、ローマはユーラシア大陸とも交流していたことが分かった。

特に驚くべきことは、ミイラが着ていた貫頭衣が絹の布地だったことである。シリアのパルミラ博物館には後漢の絹織物が展示されていたが、まさかローマにまで漢の絹が伝わっていたとは驚きである。その絹をまとった少女は、相当身分が高い家の子どもであったのであろう。少女が身につけていた絹は、敦煌《とんこう》、カシュガル、サマルカンド、パルミラと、陸のシルクロードを経てローマに伝わったと思われる。

次いで印象の深かった場所は、ナポリ近郊にあるポンペイである。ポンペイの歴史は古く、紀元前九世紀から紀元前八世紀には、初期の先住民族としてオスキ人やヒーコ人

ペロポネソス半島にあるコリントス神殿。コリントス同盟会議で東方遠征が決められた

アクロポリスの丘にあるパルテノン神殿。アレクサンドロスの時代のヘレニズム文化の影響下でも、指導者たちは権威づける場として神殿を利用した

古代ローマ時代の遺跡、帝国の政治の中心地であったフォロ・ロマーノ

ローマ帝政期に造られた円形競技場コロッセオ

が住んでいた。紀元前六世紀になるとエトルスキ人とギリシア人が住み、紀元前五世紀には、サムニウム人の都市になっている。紀元前四世紀からはローマの支配下に入り繁栄を極めている。

　ポンペイの主たる産業は、ブドウの栽培とブドウ酒の醸造であった。ポンペイの入江、サルノ川の河口には輸出用の倉庫が立ち並んでいた。ブドウ酒は、ナポリ湾のポッツオーリ港からティレニア海に出てイオニア海へ、さらにアドリア海を渡り、地中海のクレタ島の北を通って東に向かい、紅海を越えてインド洋を横断して、西インド南部の港カラチやムンバイやカリカットに運ばれた。いわゆる海のシルクロードである。ブドウ酒を入れたアンフォラの刻印から、紅海からインドにまで輸出されていたことが分かった。東インドの沿岸からは、イタリアのアッレティウムの陶器の断片も発見されている。

　ポンペイには東方へレニズム文化が伝えられ、ポンペイの建築様式に大きな影響を与えている。ポンペイの「海の門」をくぐり城内に入ると、壁面にはブドウ酒を満載した船の図、ポンペイの港の灯台や交易船の荷物の積み下ろし風景の図が描かれていた。墓には交易用の船が彫られ、住宅の床面には錨《いかり》のモザイクがあった。

　これらのことから、今から二千年前、ポンペイとインドは海でつながっていたことが分かる。インドで陸揚げされたブドウ酒は船でさらに東方に運ばれ、ガンダーラから中央アジアを経由して中国にも運ばれた。

　ポンペイは紀元前八九年にローマの植民地になり、富裕層の保養地となった。この町

第五節　マケドニアのペラからローマへ

の裕福な婦人は八歳のローマの少女のように、美しい絹の衣装をまとって豊かな暮らしを満喫していたと考えられる。

ポンペイは、六二年に激しい大地震に襲われ大被害を受けたが、地震後、すぐに五千人収容の劇場、屋根のある音楽堂、円形闘技場などの修復のために多大な努力が払われた。古代ローマ時代の都市の様相と人々の暮らしぶりを、ほぼ完全な形で今に残した貴重な遺跡である。

七九年八月二十四日の午前一時頃、町の北にそびえるヴェスヴィオ山の大噴火によって、南東十キロに位置したポンペイの町は火山灰に埋もれてしまった。頂上では炎と大きな火柱が光り、まるで昼間のようであったという。住民は驚き恐れ北西方面に逃げた。生き残った者の多くは庶民であり奴隷だった。しかし逃亡した奴隷の中には足枷《あしかせ》がはめられていた者もおり、そのため逃げ遅れて城外の外に倒れて死亡していた男もいた。

空が暗くなるほど火山灰が降下しても、まだ別荘や邸宅に居残っていた人がいた。それは金持ちや支配者階級に属する人々だった。苦労して集めた貴重な金品に心奪われ、盗難にでもあったら大変だと思ったのかもしれない。欲望にとらわれ、逃げ遅れて死んだのである。吹きつける有毒の高熱ガスや、火山灰や火砕流によって死者は約二千人と推定されている。

翌二十五日には、末期の大噴火があり火砕流が大量に発生し、その流れは時速九十キロ以上、ポンペイの町を一瞬にして飲み込んでしまった。歓楽と繁栄につつまれた古代

ポンペイの遺跡から出土した青年像

長い眠りから覚め姿を現した古代都市ポンペイ。後ろの山はヴェスヴィオ山

都市は、完全にこの地上世界から消滅したのである。

町の上には、約五メートル～八メートルも火山灰が降り積もり、灰は硬く固まって、埋もれた人間の肉体が朽ち果てたあとに空洞が残った。研究者はその空洞に石膏を流し込み、苦悩の表情など死の瞬間の姿を現代に浮かび上がらせたのである。

約一七〇〇年の時を経て、発掘作業によりそのままの姿で古代都市が出現した。町は整然と区画され、建物はひび割れているものの、住居、劇場、公衆浴場、下水道まで完備されていたことが分かる。人口約二万人のポンペイの町とその周辺の別荘からは、多くの壁画やモザイク画が豊かな色彩を保ったままで出土した。当時の住民の暮らしぶりが、裕福であったことを物語っている。

中央を南北に延びる大通りと、東西を横切る二本の通りがある。通りは直角に交差し、建造物は通りと調和して配置されている。集会所、神殿、公会堂、そして円形闘技場も残っていて、敷石が敷き詰められた通りに沿って商店が並んでいる。柱廊付き内庭のある豪華な邸宅や家族用の住居も並んでいた。

ポンペイの建築様式、室内の装飾、そして彫刻や鮮明な色合いを残している壁画の数々を見て回った。ふと頭を上げると悲劇があったことなど知らぬげに、ヴェスヴィオ山は静かに碧空の下に横たわっていた。

シルクロード関連年表

紀元前	
七七〇	中国の春秋時代（～紀元前四〇三）
七五三	ローマ建国
六一一	エトルリア人、ローマを支配
五五二	孔子誕生（～紀元前四七九）
五〇九	ブルータスらにより王政廃止。共和政が誕生
四八〇	この頃、ネパールで釈迦誕生 （三八〇年説、四六三年説など諸説）
四〇三	中国の戦国時代（～紀元前二二一年）
三五六	アレクサンドロス、ペラの王宮に生まれる
三三四	アレクサンドロスの東方遠征（～紀元前三二四）
三三〇	アケメネス朝ペルシア滅亡
三二九	アレクサンドロス、サマルカンドを攻撃
三二八	アレクサンドロス、ソグディアナの岩砦を攻略
三二三	アレクサンドロス、バビロンにて病死
二六八	マウリア朝でアショーカ王即位。仏教に帰依
二五〇	バクトリア王国建国（～紀元前一三九）
二四八	パルティア王国建国（～紀元前二二六）
二二一	秦の始皇帝、中国を統一（～紀元前二〇六）
二一五	秦の将軍蒙恬《もうてん》、匈奴《きょうど》を討伐するため遠征。 万里の長城の築造
二〇二	前漢、天下を統一（～六）
一七六	匈奴の右賢王、月氏を破り、 楼蘭をはじめ西域三十六カ国を支配。月氏、西方へ移動
一六八	マケドニア王朝、ローマに敗れ滅亡
一六〇	大月氏がバクトリア（大夏）を滅ぼし、 クシャン王朝を築く
一四〇	前漢の武帝の即位
一三九	張騫《ちょうけん》、クシャン王朝（大月氏国）に 使いしようとして匈奴に捕らわれる
一二六	張騫、帰国。西域の事情を武帝に報告
一一五	張騫、烏孫《うそん》に使いする。翌年帰国
一一一	前漢が武威・酒泉・張掖《ちょうえき》・敦煌を置く
一〇八	趙破奴《ちょうはど》と王恢《おうかい》、匈奴を討ち楼蘭王を捕虜にする
一〇五	江都王の娘、細君を烏孫王に降嫁。蔡倫、製紙法を発明
一〇四	李広利、大宛《たいえん》を討つ

九九 李広利、匈奴の右賢王を討つ。李陵、匈奴に降る
九七 司馬遷《しばせん》『史記』完成
九〇 弐師《にし》将軍李広利、匈奴に捕らわれる
八七 武帝死去。昭帝即位
七七 傅介子《ふかいし》、楼蘭王を暗殺
六〇 前漢、吐魯番より西、サマルカンド方面までを支配し西域都護を置く
三三 王昭君、匈奴へ降嫁
三〇 この頃、イエス・キリスト処刑
二七 ローマ帝国の成立（共和政ローマの帝政への移行）

紀元後

八 新《しん》、建国（～二三）
二五 後漢、建国（～二二〇）
四五 西域十八カ国入貢、クシャン朝建国
五七 奴国王、光武帝より印綬《いんじゅ》を賜る
六七 洛陽に白馬寺を建立
七六 班超《はんちょう》、疏勒《そろく》で活躍
七九 ヴェスヴィオ山噴火し、ポンペイ埋没
九七 班超、部下の甘英を大秦国《だいしんこく》（ローマ）に派遣
一〇〇 ガンダーラで仏教彫刻誕生

一〇七 西域都護を廃止。倭国王帥升《すいしょう》、後漢に生口を献上
一二四 班勇、西域を支配し西域長史となる
一三〇 カニシカ王、仏教保護
一四七 月氏の僧支讖《しせん》、洛陽に至り仏典を訳す
一四八 パルチアの僧安世高《あんせいこう》、洛陽に至り仏典の漢訳を始める
一五〇 支婁迦讖《しるかせん》が大乗仏典を翻訳
一六六 大秦国王安敦（ローマ皇帝マルクス＝アウレリアス＝アントニヌス）の使者が海路、後漢の都、洛陽を訪問
二二〇 後漢滅亡。三国時代（～二六五）
二二二 鄯善《ぜんぜん》、于闐《うてん》、亀茲《きじ》王ら魏王朝に入貢。支謙が大乗仏典を翻訳
二二六 パルティア（安息国）滅び、ササン朝ペルシア建国（～六五一）
二三九 邪馬台国《やまたいこく》の卑弥呼《ひみこ》、魏に使いする
二四二 クシャン朝、ササン朝ペルシアに敗れる
二四七 卑弥呼、遣魏使を派遣
二五〇 セイロンに仏教伝来
二六五 晋、建国（～四二〇）。晋の西域進出はじまる
二六六 壱与《いよ》、晋に遣使
二七二 パルミラ王国滅亡し、女王ゼノビアは捕らえられる
二八六 竺法護《じくほうご》の「正法華経」漢訳が完成
三一七 前涼の張駿《ちょうしゅん》、吐魯番《トルファン》を配下に置く
三二九 前涼の張駿、西域に遠征

三四四	鳩摩羅什《くまらじゅう》、亀茲国に生まれる（三五〇年説あり）
三五六	鳩摩羅什、小乗仏教から大乗仏教に転向する
三六六	沙門楽僔《しゃもんらくそん》、莫高窟《ばっこうくつ》創建（信徒による三五五年説あり）
三七二	高句麗に仏教伝来
三八二	前秦の呂光《りょこう》、亀茲を攻略
三八四	百済に仏教伝来
	亀茲国、呂光軍と戦い敗北、国王死去
三八五	鳩摩羅什、敦煌に到着、愛用の白馬死す
	この年から涼州に四〇一年までの十七年間滞在する
三九五	ローマ帝国、東西に分裂
三九九	法顕《ほっけん》、インドへ出発
四〇〇	法顕一カ月余り敦煌に留まる
四〇一	鳩摩羅什、長安で訳経
四〇六	鳩摩羅什、「妙法蓮華経」訳出
四〇九	鳩摩羅什、長安大寺にて死亡（諸説あり）
四一四	法顕インドより帰国『仏国記』を著す
四二〇	炳霊寺《へいれいじ》石窟が造営される
四三四	道生死去
四三五	僧祐《そうゆう》『出三蔵記集』を著す
四四〇	インドのナーランダ寺創建
四四二	楼蘭の国王比龍、楼蘭城の人口半分を率いて、且末《しょまつ》に亡命。
	真達が国王に即位
四四五	楼蘭、北魏の攻撃を受け真達は降伏
四五〇	吐魯番に高昌国を建国
四六〇	雲崗《うんこう》石窟開掘
四九二	楼蘭、丁零《ていれい》（高車）の攻撃を受け、住民ことごとく離散
四九四	龍門石窟の造営開始
五一九	慧皎《えこう》、『高僧伝』を著す
五二二	司馬達等《たっと》、大和高市郡の草堂に仏像を安置
五三八	天台（智顗《ちぎ》）生まれる（～五九七）
	百済の聖明王、仏像と経論を大和朝廷に贈る（一説に五五二年）
五七〇	メッカにてマホメット（ムハンマド）生まれる
五七四	武帝の廃仏
五八一	隋王朝建国（～六一八）
五八三	蘇我馬子、私宅に仏殿を造る（一説に五八四年）
五八四	隋の大運河着工
五八七	蘇我馬子、物部守屋を滅ぼす
五八八	法興寺（飛鳥寺）の造営を開始
五九三	聖徳太子、摂政となる（～六二二）
六〇四	十七条憲法制定
六〇七	法隆寺建立。遣隋使派遣

六一八 唐、建国（～九〇七）
六一九 唐、涼州に河西節度使を設置する
六二九 吐蕃《とばん》王国建国。唐の玄奘《げんじょう》インドへ求法《ぐほう》の旅へ
六三〇 玄奘、亀茲国に入る
六四〇 唐、高昌国《こうしょうこく》を滅ぼし、安西都護府《あんせいとごふ》を置く（～六五八）
六四五 玄奘帰国。翌年『大唐西域記』成立
大化の改新
六八八 辺塞《へんさい》詩人、王之渙《おうしかん》生まれる
七〇一 李白、キルギスのトクマク（砕葉城）で生まれる
七〇二 倭国から日本国になる
七一五 辺塞詩人、岑参《しんじん》が河南省で生まれる
七五五 安禄山《あんろくざん》と史思明《ししめい》の反乱
七七〇 阿倍仲麻呂、長安にて七十二歳で死去
七八一 敦煌、吐蕃の支配下に入る（～八四八）
八四五 会昌《かいしょう》の廃仏
九〇七 唐、滅亡
九六〇 宋、建国（～一二七一）
一二〇三 イスラム教徒の仏教寺院攻撃、インド仏教衰滅
一二二〇 モンゴル軍、サマルカンド攻略
一二七一 元、建国（～一三六八）
一二七五 マルコ・ポーロ、フビライに謁見

一三六八 明、建国（～一六四四）
一三七二 明、嘉峪関《かよくかん》を設ける
一五二四 嘉峪関を閉鎖、敦煌放棄
一五四九 キリスト教伝来、フランシスコ・ザビエル鹿児島に上陸
一六一二 徳川幕府、キリスト教を禁止
一八六八 廃仏毀釈運動起こる
一八七七 ドイツの地理学者リヒトホーフェン、著書『中国』で「シルクロード」の名称を発表
一九〇〇 スウェーデンのヘディン、楼蘭故城発見
王道士、敦煌の蔵経石室を発見
一九〇二 大谷光瑞ら中央アジアの探検に出発
一九〇八 スタイン、トクズサライ寺院を発掘
一九六四 イタリアのグロッタロッサで中国の絹をまとった少女のミイラ発見
一九七〇 西安の何家村で壺を発見。「和同開珎」やガラス器が出土。
一九九四 吐魯番交河故城の北部より五室からなる地下寺院発見
二〇〇〇 ウィグル族の牧人がタクラマカン砂漠から少女のミイラを発見
二〇〇三 楼蘭の地下墓から原色壁画見つかる
二〇〇四 西安にて井真成《せいしんせい》の墓誌出土

山田勝久（やまだ かつひさ）

1943年 愛知県生まれ。早稲田大学国語国文学専攻科修了。二松学舎大学大学院博士課程単位取得満期退学。北海道教育大学教授、大阪教育大学教授・学長補佐・附属池田中学校長、人間文化研究機構 総合地球環境学研究所研究水準外部評価委員を経て、現在は、大阪教育大学 名誉教授。神戸常盤大学 客員教授。公益財団法人 東洋哲学研究所 委嘱研究員。ＮＨＫ文化センター京都・西宮「シルクロード」講師。橿原市観光大使。40年におよび西域26カ国を66回実地踏査する。主な著書に『唐代文学の研究』『唐詩の光彩』『唐代散文選』『シルクロードの光彩』（すべて笠間書院）『パルミラの光彩』（雄山閣）など。

シルクロード
悠久の天地

2020年4月25日　初版第1刷発行

著者　山田勝久
発行者　池田圭子
発行所　笠間書院
〒101-0064　東京都千代田区神田猿楽町2-2-3
電話03-3295-1331　FAX03-3294-0996

ISBN 978-4-305-70923-3

装幀・デザイン ―― 鎌内文（細山田デザイン事務所）
本文組版 ―――― RUHIA
印刷／製本 ――― モリモト印刷